Christoph Jakubowski
Rolf Schneider

Essen im Griff

Der Stadtführer

Klartext

Stadtplanauszüge mit freundlicher Genehmigung des Vermessungs- und Katasteramtes der Stadt Essen.

1. Auflage November 1994
Ausstattung und Satz: Klartext Verlag
Druck: Gulde Druck, Tübingen

ISBN 3-88474-216-7

Vorwort

Essen hat eine Menge zu bieten. Was, das erfuhr der Besucher bisher jedoch nur durch mühsame Recherche. Als wir uns dazu entschlossen, einen Führer durch diese Stadt zu schreiben, waren wir selbst erstaunt, wie groß und vielfältig die Angebotspalette Essens ist.
Inmitten der scheinbar konturlosen Städtelandschaft des Ruhrgebiets wird Essen nach wie vor von vielen verkannt. Schon ein erster Besuch widerlegt gängige Revierklischees; doch der wahre Reiz einer Stadt erschließt sich erst, wenn man ihre Sehenswürdigkeiten, Besonderheiten und Kuriositäten kennt.
Der vorliegende Stadtführer ermöglicht es nun Alteingesessenen und Neuankömmlingen, die interessanten Seiten Essens (wieder) zu entdecken. Aber ein Gefühl der Verbundenheit mit Essen entwickelt sich nur in der Begegnung mit den Menschen, die hier leben. Diese Erfahrung jedoch müssen Sie, liebe Leser, selbst machen ...
Für vielfältige Unterstützung unserer Arbeit danken wir vor allem unseren Hochschullehrern in Essen und Siegen, der Stadtbildstelle und der Presse- und Informationsstelle der Stadt Essen sowie vielen weiteren Institutionen und Einzelpersonen, die zum Entstehen dieses Buches beigetragen haben.
Schließlich danken wir unseren Familien, Freundinnen und Freunden für Geduld, Rat und Tat sowie dem Klartext Verlag für eine exzellente Betreuung.

Essen, im September 1994

Christoph Jakubowski
Rolf Schneider

Inhalt

Allgemeines

Zu diesem Stadtführer

Der Stadtführer stellt Essen nach Stadtbezirken vor. Jedem Kapitel ist ein Kartenausschnitt des behandelten Bereichs vorangestellt. Das Auffinden bestimmter Einträge ist mit Hilfe des Stichwortverzeichnisses am Ende des Buches leicht möglich.

Nahezu jeder Eintrag ist mit einem Hinweis auf die Verbindungen des öffentlichen Nahverkehrs **(ÖPNV)**, ab Essen Hbf und – falls nötig – auf Parkmöglichkeiten **(P)** versehen. Fehlen solche Hinweise, ist entweder der Hauptbahnhof selbst die nächste Verbindung, oder es wurde eine Verbindung angegeben, von der aus die jeweiligen Orte fußläufig gut zu erreichen sind.

Dabei steht:

U	für U/Stadtbahn
Bus	für Omnibuslinie
Strab.	für Straßenbahn
S	für DB-Schnell-Nahverkehr
N	für DB-Nahverkehr

Es werden jeweils Liniennummern und End- bzw. Umsteigehaltestellen für die schnellste bzw. einfachste Verbindung ab Essen Hbf angegeben.

Informationen über Essen

Stadtgebiet:
Lage: 51°27'31" n.Br., 7°0'47" ö.L.
Fläche: 210,3 km^2
höchster Punkt:
202,5 m über NN (Heidhausen)
tiefster Punkt:
26,5 m über NN (Karnap)

Einwohnerzahl: ca. 625.000
(sechstgrößte Stadt Deutschlands)

Vorwahl: 0201

Städtepartnerschaften:
Sunderland (Großbritannien)
Grenoble (Frankreich)
Tampere (Finnland)
Tel Aviv (Israel)
Nishni Nowgorod (Rußland)

Stadtwappen

1887 wurde das alte Stadtsiegel aus dem 13. Jahrhundert – es zeigte die Gottesmutter, flankiert von Cosmas und Damian, den Schutzheiligen der Stadt – durch das heute gebräuchliche Wappen abgelöst. Es besteht aus drei Teilen, zwei Schilden und einer Krone, der eine Schild enthält den Doppeladler des Deutschen Reiches, der andere ein Schwert. Die Krone soll an das Fürstentum Essen erinnern, das Schwert stellt das Richtschwert der Stadtpatrone dar, mit dem Cosmas und Damian – der Sage nach – als missionierende Ärzte von den Heiden hingerichtet wurden. Die Farben der Stadt sind Gelb und Blau.

Sprache

Das „Ruhrdeutsch" oder „Kohlenpott-Deutsch" der Essener wird häufig belächelt, dabei handelt es sich um eine sprachliche Übergangsform vom alten niederdeutschen Dialekt („Plattdeutsch") zum Hochdeutschen. In diesen Dialekt sind im Laufe der Zeit viele Einflüße aus anderen Dialekten und Sprachen eingeflossen, so daß eine knappe, leichtverständliche und – wichtig für die vielen „Zugewanderten" – leicht zu erlernende Sprache entstand.
Besondere Merkmale sind zum Beispiel das berüchtigte „dat" und „wat", Zusammenziehungen („die Mutta mittat Kind anne Hand") und die Verwechslung von „mir" und „mich" („mach mich dat ma schnell fettich").

Trotz vieler abwertender Urteile stehen die meisten Essener – wie eine Umfrage im Jahr 1985 ergab – zu ihrem Dialekt, auch wenn sie selbst gerne über Geschichten wie die folgende lachen:
Ein Kind steht im Hof und ruft zum Küchenfenster hinauf: „Ey, Mutta, schmeiß' mich ma'n Butta (Butterbrot)!" – worauf die Mutter antwortet: „Hömma, wie oft soll ich dich noch sagen, dat dat nich heißt 'Mutta, schmeiß' mich ma'n Butta', sondern dat dat heißt 'Mutta, schmeiß' mich ma bitte 'n Butta'!"

Der Ortsname „Essen"

Die älteste überlieferte Form des Stadtnamens lautet „Astnide" (898 n. Chr.); er wurde dann zu „Essende", später latinisierte man ihn zu „Assindia", die heutige Form hat sich im 17. Jahrhundert durchgesetzt. Wahrscheinlich stammt der Name aus dem Altsächsischen und bedeutet soviel wie „Ort im Osten".

Verkehrsanbindungen

Zugverbindungen:
S21 Flughafen Düsseldorf
S1, S6 Düsseldorf
S1 Bochum, Dortmund
DB-Nahverkehrslinien in alle Nachbarstädte,
wichtige IC-Linien über Essen Hbf.
Autobahnen (Abfahrten):
A2 Essen/Gladbeck (13 km, nördl.), über B224
A42 Essen-Nord (7 km, nördl.), über B224, Verbindung zur A1, A45
A52 Essen-Süd (2 km, südl.), Verbindung zur A3
A40 Essen-Stadtmitte, Verbindung zur A3 (Nord), A2, A43, A1

Autovermietung

Avis
Moltkestr.11
Tel. 233911

Hertz
Südausgang Hbf.
Tel. 233066

Sixt/Budget
Friedrich-Ebert-Str. 65-71
Tel. 221325

top rent a car
Limbecker Platz 1
Tel. 245777

Automobilclub

ADAC
Klarastr.48
Tel. 770088
Hindenburgstr. 57
Tel. 233151

Banken

Hauptgeschäftsstellen
BfG-Bank
Lindenallee 6

Commerzbank
Lindenallee 21

Deutsche Bank
Lindenallee 29

Dresdner Bank
Lindenallee 4

National-Bank
Theaterplatz 8

Sparda-Bank
Kruppstraße 41

Sparkasse Essen
III. Hagen 43

Volksbank Essen
Hindenburgstraße 2/4

Behörden

Fremdenverkehrsamt
Rathaus
Tel. 88-4505

Fundstelle
Rathaus
Tel. 88-2645

Paß-, Staatsangehörigkeits- und Ausländerwesen
Rathaus
Tel. 88-1 (zentrale Vermittlung)

Wetteramt Essen
Wallneyer Str. 10
Tel. 71021-0

Campingplätze

Im Löwental 67
(am Bahnhof Werden)
Tel. 492978

Hardenbergufer 381
(Haus Scheppen)
Tel. 402007

Einkaufen

Einkaufsstraßen:
Kettwiger-Str. / Limbecker-Str. / Viehofer Str.
Essen-Mitte

Einkaufszentren:
City-Center (überdacht)
Essen-Mitte, Porscheplatz

Lindengalerie (Deutschlandhaus, überdacht)
Essen-Mitte, Lindenallee 10

Theaterpassage (überdacht)
Essen-Mitte, Rathenaustr. 2

Einkaufszentrum-Altenessen (überdacht)
Essen-Altenessen, Altenessener-Str. 409-411

Globus-Center (überdacht)
Essen-Steele, Kaiser-Otto-Platz

Geldwechsel

Banken, Sparkassen, amtliche Reisebüros, größere Hotels
Wechselstube am Hauptbahnhof
Mo – Fr 7.30-19.00 Uhr
Sa 7.30-17.00 Uhr
So 10.00-13.00 Uhr

Gottesdienste
Gottesdienstzeiten
sind zu erfahren:
Katholisches Stadthaus
Bernestr. 5
Tel. 8132-0

Evangelischer Stadtkirchenverband
II. Hagen 7
Tel. 2205-0

Kinos

Astra
Essen-Mitte, Teichstr.2
Atrium
Essen-Mitte, Dellbrügge 5
Filmpalette
Essen-Mitte, Kettwiger-Str. 20
Film-Casino
Essen-Mitte, Kettwiger-Str. 2
Lichtburg
Essen-Mitte, Kettwiger-Str.36
Tel. Kartenvorbestellung für diese Kinos unter 231023

Europa
Essen-Mitte, Viehofer-Str. 38
Grand
Essen-Mitte, Rottstr. 30
Roxy
Essen-Mitte, Viehofer-Platz 3
Tel. Kartenvorbestellung für diese Kinos unter 232123

Cinemaxx-Filmpalast
Essen-Mitte, Berliner Platz
Tel. 8203030

Programmkinos
Eulenspiegel
Essen-Mitte, Steeler-Str. 208
Filmstudio
Essen-Rüttenscheid, Rüttenscheider-Str. 2

Galerie Cinema
Essen-Rüttenscheid, Julienstr. 73
Tel. Kartenvorbestellung für diese Kinos unter 275555

Broadway
Essen-Mitte, Kopstadtplatz 25
Tel. 231011

Autokino
Essen-Bergeborbeck, Sulterkamp

Messe-Congreß-Service

Tel. 7244-401 und 7244-342

Nachtbusse der EVAG

Die Nachtbusse fahren immer freitags, samstags und vor Feiertagen. Alle Linien starten um 1 und 2 Uhr ab Porscheplatz.
Auskunft: Tel. 826-1234

NE 1 Über Altenessen, Karnap und zurück.
NE 2 Über Stoppenberg, Katernberg, Altenessen, Vogelheim und zurück.
NE 3 Über Schonnebeck, Kray, Isinger Feld und zurück.
NE 4 Über Frillendorf, Steele, Burgaltendorf und zurück.
NE 5 Über Huttrop, Steele, Hörster Feld und zurück.
NE 6 Über Bergerhausen, Rellinghausen, Überruhr, Kupferdreh und zurück.
NE 7 Über Stadtwaldplatz, Heisingen und zurück.
NE 8 Über Bredeney, Werden, Heidhausen und zurück.
NE 9 Über Holsterhausen, Margarethenhöhe und zurück.
NE 10 Über Frohnhausen, Haarzopf und zurück.
NE 11 Über Altendorf, Frintrop und zurück.
NE 12 Über Bergeborbeck, Borbeck, Dellwig und zurück.
NE 13 Über Rüttenscheid, Kettwiger Markt und zurück.

Tankstellen (24 Stunden)

Aral
Dellbrügge / Altenessener-Str. 538 / Steeler-Str. 281 / Alfredstr. 121
DEA
Hollestr. 70 / Von-Schmoller-Str. 1 / Gladbecker-Str. 385 / Katernberger-Str. 99
Esso
Am Zehnthof 204 / Schützenbahn 65 / Bottroper-Str.104 / Aktienstr.34a

Post

Hauptpostamt
Hachestr.2-8
Tel. 815-0
Postbank
Kruppstr.2 / Freiheit 2
Tel. 819-0

Taxi

Taxi – Zentrale
Tel. 86655

Nützliche Telefonnummern

Vorwahl Essen: 0201
Vorwahl Essen-Kettwig: 02054

ADAC-Pannenhilfe: 19211
Apothekennotdienst: 1141
Ärztlicher Bereitschaftsdienst (Mo-Fr 19-7 Uhr, Sa-So 0-24 Uhr): 19292
Deutsches Rotes Kreuz: 81091-0
Telef. Seelsorge (kath.): 11102 / (ev.): 11101
Unfallhilfstelle (DRK): 224355
Universität GHS Essen: 183-1
Verbraucher-Beratungsstelle: 225320

Zimmervermittlung

Verkehrsverein Essen (s.u.): (0201) 235427
Messe- und Kongreß-Service: (0201) 7244-401 oder -342

Besonderheiten

Einige noch zu erwähnende „Besonderheiten" des Ruhrgebiets gibt es zwar auch in anderen Gegenden, aber hier sind sie ausgesprochen typisch und bilden einen festen Teil des Alltagslebens.
Wenn in den einzelnen Kapiteln auch ausführlich auf die kulinarischen Möglichkeiten in Essen eingegangen werden wird, so sei doch nicht verschwiegen, daß die „Pommes-Bude" – wie im ganzen Ruhrgebiet – auch in Essen zur Alltagskultur gehört. Solche Schnellimbisse haben Tradition in einer Region, die von den Bedingungen der Arbeitswelt geprägt ist: Früher waren es Reibekuchenbuden, dann kamen die Pommes-Buden, mittlerweile gibt es auch fast überall „Gyros" oder „Döner Kebab" und Pizza. In dieser Konzentration wie im Ruhrgebiet sind Schnellimbisse wohl nirgendwo sonst anzutreffen, die „Pommes Rot-Weiß" (Pommes-Frites mit Soße oder Ketchup und Mayonnaise) gehören einfach zur Ruhrgebietserfahrung.
Eine weitere Besonderheit des Ruhrgebiets sind die „Büdchen" oder die „Trinkhallen", das sind Kioske, an denen man bis spät abends, sowie sonn- und feiertags nicht nur Süßigkeiten, Zeitschriften und Getränke, sondern auch die wichtigsten Lebensmittel bekommt.
Als „Rennpferde des Arbeiters" gelten die Brieftauben, die in fast allen Arbeitersiedlungen zu finden sind. Ein weiteres beliebtes Freizeitvergnügen im Ruhrgebiet ist der typische Schrebergarten, entweder direkt hinterm Haus, oder in einer der vielen Kleingartenanlagen.

Weitere Informationsmöglichkeiten

Amt für Fremdenverkehr (Rathaus):
(0201) 88-3564
Veranstaltungstelefon der Stadt Essen: (0201) 88-4343
Veranstaltungen des Tages:
(0201) 88-2300
Verkehrsverein Essen (im Hauptbahnhof, Eingang Südseite):
(0201) 235427
Kommunalverband Ruhrgebiet (KVR): (0201) 2069-0

(kostenlose Broschüren, Monatsprogramm „Treffpunkt Ruhrgebiet")
Empfehlenswert ist auch das vom Essener Fremdenverkehrsamt herausgegebene „Maitember"-Programm, das Hinweise auf Veranstaltungen von Mai bis September enthält.

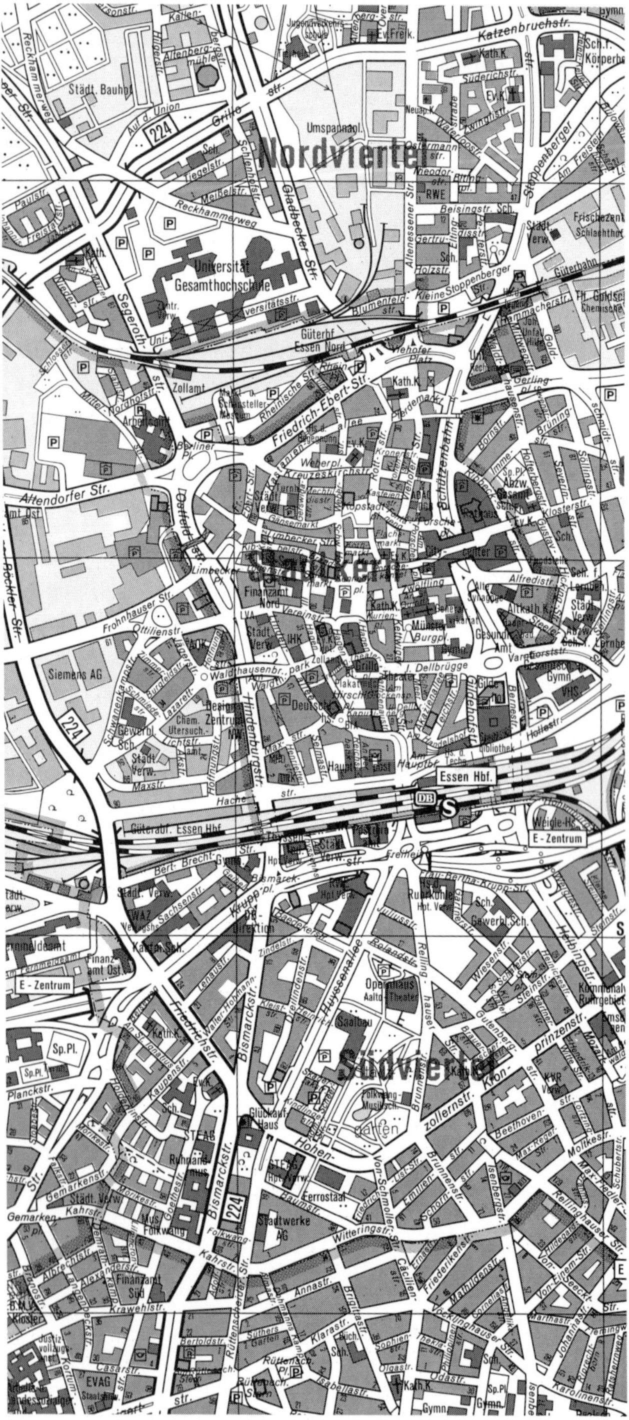
Nordviertel
Stadtkern
Südviertel
Katzenbruchstr.
Reckhammerweg
Städt. Bauhof
Auf d. Union
224
Umspannanl.
Universität Gesamthochschule
Gladbecker Str.
Altenessener Str.
Stoppenberger Str.
Güterbf Essen Nord
Viehofer Platz
Zollamt
Friedrich-Ebert-Str.
Rheinische Str.
Altendorfer Str.
Berliner Pl.
Frohnhauser Str.
Siemens AG
Limbecker Pl.
Finanzamt Nord
Kettwiger Str.
Schützenbahn
Hindenburgstr.
Münster
Burgpl.
Essen Hbf.
Güterabf. Essen Hbf
E-Zentrum
Bismarckstr.
Huyssenallee
Friedrichstr.
Opernhaus Aalto-Theater
Saalbau
Glückauf-Haus
Hohenzollernstr.
Rellinghauser Str.
Moltkestr.
Stadtwerke AG
Witteringstr.
Ruhrland-mus.
Folkwang
Finanzamt Süd
Gemarkenstr.
Kahrstr.
Rüttenscheider Str.
Annastr.
Brigittastr.
Frau-Bertha-Krupp-Str.
WAZ
Finanz-amt Ost
Sp.Pl.
EVAG
Kath.K.
Gymn.

Kettwiger Straße: Einkaufen und anderes

Innenstadt

P: Verschiedene Parkhäuser rund um die City. Kostenlose Parkmöglichkeiten an der Universität, ca. 5 Min. Fußweg bis zum Viehofer Platz, 20 Min. bis Hbf, oder U17 ab Universität bis Hbf.
Nach 19.00 Uhr kostenlose Parkmöglichkeiten an den Parkuhren, besonders gut Hachestr./Hollestr.

Die Kettwiger Straße

Die „Kettwiger", wie sie im Essener Volksmund genannt wird, ist „die" Einkaufsstraße Essens. Sie führt vom Bahnhof aus in nördliche Richtung, vorbei am Münster bis zur Porschekanzel, wo sie auf die Ost-West-Achse der City trifft, die durch das Citycenter und die Limbecker Straße gebildet wird.

Blickt man vom Hauptbahnhof aus Richtung Zentrum, fällt als erstes das Hotel „Handelshof" ins Auge, ein imposanter Bau, der 1911/12 errichtet wurde. Pächter war hier ab 1913 der Vater des bekannten, unweit im Hotel „Stemme" geborenen Schauspielers Heinz Rühmann (gest. 1994). Neben dem „Handelshof" steht das „Haus der Technik", das ursprünglich als Sitz der Essener Börse errichtet worden war (fertiggestellt 1926).
Am Beginn der „Kettwiger" befindet sich ein Ensemble schöner alter Laternen, die zum Essener Laternen-Museum gehören, das sich über die ganze Innenstadt erstreckt. Seit 1979 werden in Essens Fußgängerzone Originale und Nachbildungen alter Laternen aus aller Welt aufgestellt – bisher etwa 240 Stück. Vor

60 bis 100 Jahren erhellten sie noch Straßen und Plätze in Berlin, Wien, Rio de Janeiro und anderen bekannten Städten. Viele Originale wurden von Firmen gestiftet. Die Exemplare, die nach Einbruch der Dunkelheit den Burgplatz erleuchten, werden sogar noch mit Gas betrieben.
Seit Ende der 50er Jahre ist die „Kettwiger" Fußgängerzone – sie ist damit eine der ältesten in Deutschland. Auf dem Weg in Richtung des Münsters kommt man am Glockenspiel vorbei, auf dem täglich um 11, 12, 13, 15, 16, 17 und 18 Uhr das Bergmannslied „Glück auf, Glück auf" gespielt wird. Das anschließende Bewegungsspiel zeigt Figuren der Essener Geschichte. In den oberen Erkerfenstern treten auf: zwei Bürger in mittelalterlicher Tracht, die Äbtissin Theophanu, der Stiftsgründer Altfrid und Kaiser Heinrich III., der Essen 1041 das Marktrecht verlieh. In den unteren Fenstern erscheinen: der erste evangelische Pfarrer der Stadt, ein Vogt der Äbtissin und ein Bürgermeister. Der Hahn unter dem Erker erinnert ebenso wie der goldene Hahn zwischen Burgplatz und Kennedyplatz an die Geschichte vom „wachsamen Hähnchen": Im Mittelalter soll ein Hahn – aufgeschreckt durch eine in die Stadt eingedrungene Räuberbande – durch sein Krähen die Bürger alarmiert haben.
Von der Kreuzung mit der I. Dellbrügge aus kann man einen Blick auf das Grillo-Theater (Schauspielhaus) werfen. Hinter der Kreuzung liegt rechter Hand die „Lichtburg", Essens bekanntestes und – mit seiner Plüsch-Einrichtung aus den 50er Jahren – sicher auch schönstes Kino. Schräg gegenüber befindet sich das „Baedekerhaus", das 1928 von der ältesten Firma der Stadt, dem 1775 gegründeten Druck- und Verlagshaus G.D. Baedeker, errichtet wurde. Auf der anderen Straßenseite liegt das historische Kernstück der Stadt: der Burgplatz und das Essener Münster mit der vorgelagerten Johanniskirche. Die beiden Kirchen sind durch ein Atrium miteinander verbunden und wirken von außen beinahe wie eine geschlossene Anlage. Am Zugang des Burgplatzes steht ein Reiterstandbild Kaiser Wilhelm I. aus dem Jahre 1898, an der Nordseite befindet sich der Sankt-Altfrid-Brunnen, der an die Gründung des Essener Bistums erinnern soll: Aus drei Schalen mit den Wappen der Bistümer Köln, Münster und Paderborn fließt das Wasser in ein Becken. Das „Ruhrbistum" wurde 1958 aus Teilen dieser drei alten Bistümer gebildet.

St.-Johannis-Kirche (Anbetungskirche)

Vor der Münsterkirche befindet sich die St.-Johannis-Kirche, im allgemeinen „Anbetungskirche" genannt. Ursprünglich diente die im 10. Jahrhundert erbaute Kirche als Oratorium und Taufkapelle des Stiftes. Die heutige dreischiffige, kreuzrippengewölbte Hallenkirche mit Westturm wurde im Jahre 1471 im gotischen Stil erbaut. Bemerkenswert ist ihr fast quadratischer Grundriß, sowie die Barock-/Rokokoausstattung des Innenraumes. In der Taufkapelle befindet sich ein altes Taufbecken (um 1600), sowie der ehemals im Münster befindliche Sakramentsaltar mit den vier bekannten Bildtafeln des Kölner Malers Barthel Bruyn. Sie entstanden zwischen 1522 und 1528 und zeigen als Hintergrund der Kreuzabnahme die älteste überlieferte Ansicht Essens.

Atrium

Zu den ältesten erhaltenen Teilen des Essener Münsters gehören die romanischen Säulenarkaden des Atriums, das Münster und Johanniskirche verbindet. Erbaut wurde dieser Vorhof etwa 1060/70. Bemerkenswert ist das Gesamtensemble, das durch diese Verbindung entsteht: die Abfolge von Eingangskirche, dem „Paradies" als Ort der Sammlung und Reinigung, bis hin zur eigentlichen Kirche. Diese für das Mittelalter häufig belegte Raumgestaltung ist nur hier in Essen erhalten geblieben.

Münster

Etwas älter und weitaus bekannter als das Atrium ist jedoch das über alle Zerstörungen hinweg erhaltengebliebene spätottonische Westwerk des Essener Münsters. Dieses Westwerk war Teil einer Kirche, die die Kaiserenkelin und Äbtissin Theophanu 1040-1055 auf den Grundmauern eines älteren Baues errichten ließ. Im Jahre 1275 brannte die Kirche bis auf das Westwerk nieder und wurde um 1300 als frühgotische Hallenkirche mit untersetzten – „westfälischen" – Proportionen wiedererrichtet. Im zweiten Weltkrieg wurde das Langhaus erneut zerstört und wieder blieb das Westwerk verschont. Nach dem Krieg wurden die zerstörten Teile wiederaufgebaut.
Vom Atrium aus gesehen wirkt das Westwerk des Münsters geradezu bedrohlich – es bildet den Schwerpunkt des gesamten Gebäudekomplexes aus Johanniskirche, Atrium und Münsterkirche. Zwischen den Arkaden des Atriums und den beiden vorspringenden Treppentürmen ruht der Hauptturm auf einem gedrungenen Sockelgeschoß. Die oberen Geschosse werden durch Rundbogenfenster und durch die im 19. Jahrhundert hinzugefügten Pilaster etwas aufgelockert. Während die Treppentürme achteckig angelegt sind, trägt der Hauptturm das Oktogon auf quadratischer Basis. Das Langhaus ist in schlichten gotischen Formen gehalten. Die Nordseite verbindet das Münster über den Kreuzgang (s.u.) mit den ehemaligen Stiftsgebäuden, im Südosten sind die jetzige Taufkapelle und die Schatzkammer angebaut.
Im Innenraum fällt die Dreiteilung der Kirche sofort ins Auge: Westwerk, Langhaus und Querschiff sind auch dort deutlich zu unterscheiden. Im Westchor wurde das Baumuster der karolingischen Pfalzkapelle zu Aachen kopiert, der Raum wurde allerdings zum Langhaus hin geöffnet. Das gotische Langhaus ist eine dreischiffige Hallenkirche mit vier Jochen. Die Schiffe sind beinahe gleich hoch, das Mittelschiff ist jedoch breiter angelegt als die Seitenschiffe. Schlichte Rundpfeiler tragen die Kreuzrippengewölbe. Der unregelmäßige Grundriß des Hauptchores wurde durch die darunterliegende Krypta bestimmt, zu ihm führen zehn Stufen von der Vierung aus hinauf.
Im Hauptchor steht die sogenannte „Kreuzsäule", eine Säule aus frühottonischer Zeit, die bis ins 15. Jahrhundert ein vergoldetes Kreuz mit dem Stiftervermerk „Äbtissin Ida" (gest. 971) trug.
In der nördlichen Seitenkapelle befindet sich eine einmalige Kostbarkeit: die älteste vollplastische Marienfigur des Abendlandes, die vor dem Jahre 1000 entstandene „Goldene Madonna". Dieses wertvolle Stück besteht aus einem Holzkern, der mit Goldblech überzogen ist. Die Darstellung ist deutlich von der byzantinischen Kunst beeinflußt, bemerkenswert ist die Verbindung Maria-Eva und Jesus-Adam, die dadurch zum Ausdruck kommt, daß die Gottesmutter dem Kind einen Apfel reicht.
In der um das Jahr 1000 erbauten Krypta befindet sich das Hochgrab des Stiftsgründers Altfrid (gest. 874). Der gotische Sarkophag des Heiligen stammt aus dem 13. Jahrhundert. Außerdem ruhen in dieser Krypta die Gebeine Theophanus, der Erbauerin des Westwerks und Äbtissin des Stiftes von 1039-1058.
Am Eingang der Kirche schließlich steht der siebenarmige Leuchter, eine Nachbildung des berühmten Leuchters aus dem Tempel von Jerusalem, die vor dem Jahre 1000 in Konstantinopel gefertigt wurde und in 36 Einzelteile zerlegbar ist. Dieser gewaltige Leuchter (2,26 x 1,88 m) gilt als das älteste erhaltene Exemplar dieser im Mittelalter populären Nachbildungen.

Kreuzgang

Wenn man aus dem Trubel der Kettwiger Straße durch die kleine Seitenpforte in den Kreuzgang des alten Stiftes tritt, gelangt man mit wenigen Schritten in eine andere

Die 100jährige „Goldene Madonna"

Welt. Der Kreuzgang und der friedliche Garten in seiner Mitte atmen den Geist vergangener Jahrhunderte. Im Ostflügel der Anlage sind noch Teile der gotischen Gewölbe des 13. Jahrhunderts erhalten geblieben, der Rest wurde nach den Kriegszerstörungen wiederaufgebaut.
An der Westwand des Kreuzgangs befindet sich eine Chronik des Essener Stiftes, Namen und Hinweise zu den 44 Äbtissinnen. Die Chronik wird eingerahmt vom Wappen des Ruhrbistums und dem alten Wappen der Äbtissinnen, mit den Wappen der Stifte Essen (Schwerter) und Rellinghausen (Kreuz und Ruhrfluß), der Herrschaften Breisig (Pfeile und Kugeln) und Huckarde (Rad und Krone), sowie den Symbolen Schwert und Hirtenstab für die weltliche und geistliche Herrschaft der Äbtissin.

Domschatzkammer
Burgplatz
Öffnungszeiten: Di.-So. 10-17 Uhr
Tel: 0201/2204206

Das Gebäude, in dem der Münsterschatz aufbewahrt wird, betritt man vom Burgplatz aus durch das schöne Portal des bekannten Kölner Künstlers Ewald Matare von 1956. Matare schuf auch den vergoldeten Bronzeengel auf der Bischofsresidenz (neben der Schatzkammer).
Neben den Domschätzen von Aachen, Köln und Bamberg gilt der Essener Münsterschatz als einer der bedeutendsten in Europa. Seine Pracht und Bedeutung verdankt er vor allem den drei Äbtissinnen aus dem Sächsischen Kaiserhaus. Vermutlich schenkte Kaiser Otto III. (980-1002) die Krone, mit der er als Dreijähriger 983 zum deutschen König gekrönt worden war, seiner Kusine, der Essener Äbtissin Mathilde. Später wurde die goldene Madonna mit dieser Krone gekrönt. Ebenfalls

aus der Zeit Mathildes stammen drei der vier kostbaren Vortragekreuze, sowie das Zeremonialschwert mit der goldenen Scheide. Die Vortragekreuze gelten als einzigartige Meisterwerke ottonischer Goldschmiedekunst, dabei wurden teilweise Schmucksteine aus der Antike, sogenannte „Gemmen", eingearbeitet.
Das älteste Stück des Domschatzes ist ein karolingisches Evangeliar aus der Zeit Karls des Großen (um 800), das aufgrund seiner altsächsischen Glossen auch für die Sprachwissenschaft von großer Bedeutung ist.
Weitere Handschriften, prächtige Reliquiare, eine reiche Sammlung burgundischer Broschen aus dem 14. und wertvolle Meßgewänder aus dem 15. Jahrhundert vervollständigen die Schatzkammer.

Marktkirche (ev. Kirche) und Krupp-Denkmal
Flachsmarkt
Am Schnittpunkt der beiden Hauptgeschäftsstraßen, der Kettwiger und der Limbecker Straße, steht auf dem Flachsmarkt die spätromanische Pfeilerbasilika aus dem 11. Jahrhundert. Schon 1543 wurde hier die evangelisch-lutherische Lehre gepredigt, so daß die Marktkirche als früheste evangelische Kirche Essens gelten kann. Während des Zweiten Weltkrieges wurde die Westhälfte zerstört und nicht wiederaufgebaut. Die Osthälfte wurde zur Erinnerung an die Schrecken des Krieges mit Bronzetüren versehen, die die Apokalyptischen Reiter darstellen (Künstler: Hermann Schardt, 1963).
Vor der Kirche steht ein Bronzestandbild des „großen" Alfred Krupp (1812-1887), der Essen als „Kruppstadt" weltweit bekannt machte. Das 1898 geschaffene Standbild wurde anläßlich der 150-Jahr-Feier der Firma Krupp 1961 an dieser Stelle aufgestellt. Hier, am Flachsmarkt, stand nämlich das Geburtshaus des späteren „Kanonenkönigs".

Erlöserkirche
Bismarckstraße
ÖPNV: U17 Planckstr.
P: Goethestr.
Als schönste evangelische Kirche Essens gilt die 1906 bis 1909 nach Plänen des Berliner Architekten Schwechter im neuromanischen Stil aus rotem Sandstein erbaute Erlöserkirche. Ermöglicht hatte den Bau eine großzügige Stiftung Friedrich Alfred Krupps, dessen Familie später die künstlerische Ausgestaltung des Altarraumes mit Mosaiken von Prof. Becker (Berlin) ermöglichte. Bekannt ist sie auch für ihre klangvolle Orgel und die gute Akustik, weshalb hier die Konzerte des Essener Bachchores stattfinden.

Alte Synagoge
Steeler Str. 29
Öffnungszeiten: Di.-So. 10-18 Uhr
Tel: 0201/88-4643
Am 25. September 1913 weihte die blühende jüdische Gemeinde Essens die größte Synagoge nördlich der Alpen ein. Der monumentale Kuppelbau aus Muschelkalk war in zweijähriger Bauzeit nach Plänen des Architekten Edmund Körner errichtet worden. Die Synagoge bot 1.400 Personen Platz. 30 Jahre später war kaum noch einer der ehemals 5.000 Essener Juden übriggeblieben. Die – heute so genannte – „Alte Synagoge" brannte zwar während der „Reichsprogromnacht" vom 9.11.1938 aus, überstand aber die Bombenangriffe des Krieges fast unbeschadet – bittere Ironie des Schicksals!
Seit 1980 dient der prächtige Bau als Mahn- und Gedenkstätte für die Opfer des Nationalsozialismus. Eine Dauerausstellung dokumentiert den jüdischen Alltag vor und während der NS-Herrschaft und weist auf die schrecklichen Schicksale von mindestens 2.000 Essener Juden hin.

Alte Synagoge und neues Rathaus – Wahrzeichen der Stadt

Rathaus
Porscheplatz
Tel: 0201/88-1 (Zentrale) oder 0201/88-4848 (Auskunft)
Öffnungszeiten: Mo.-Fr. 8-16 Uhr
Mit 106 Metern Höhe und 22 Obergeschossen sowie 1.900 Beschäftigten ist das Essener Rathaus laut Guiness-Buch das größte der Bundesrepublik. Vom obersten Stockwerk aus, das mit Hochgeschwindigkeitsaufzügen in kürzester Zeit erreicht werden kann, hat man einen herrlichen Ausblick auf Stadt und Umgebung. Führungen sind nach Absprache möglich.

Das **Theater im Rathaus** bietet hauptsächlich Boulevard-Stücke mit prominenten Darstellern und hat 250 Plätze.

Vorstellungen:
Tgl. außer Mo. 19.30 Uhr, So. 19 Uhr, Tel. 2433440

Gildehofcenter (Zentralbibliothek)
Hollestr.
In unmittelbarer Nähe zum Hauptbahnhof erhebt sich der Neubau „Gildehofcenter". Er beherbergt neben verschiedenen Firmen und einem Singletreff die Zentralbibliothek (Tel: 0201/6161, geöffnet Di.-Fr. 10-19, Sa. 10-14 Uhr), in der auch Bilder ausgeliehen werden können.

Grillo-Theater (Schauspielhaus)
Theaterplatz
Tel: 81 22-0
ÖPNV: U11/U17/U18 Hirschlandplatz
P: II. und III. Hagen

Das von dem Industriellen Friedrich Grillo gestiftete und nach ihm benannte Essener Schauspielhaus wurde 1892 als erster Theaterbau des Ruhrgebiets eröffnet. In zweiein-

halbjähriger Bauzeit war nach den Plänen von Heinrich Seeling ein klassizistischer Prachtbau errichtet worden, der bei einem Bombenangriff im März 1944 schwer beschädigt wurde.
Schon im Sommer 1949 beschloß der Stadtrat, das Theater wiederaufzubauen, wobei der stark zerstörte vordere Teil des Baus völlig umgestaltet wurde. Fast drei Jahrzehnte lang – von der Wiedereröffnung 1950 bis zur Eröffnung des Aalto-Theaters 1988 – war das Grillo-Theater der Hauptspielort von Oper und Schauspiel. 1989/90 wurde das Theater im Innern völlig verändert: Werner Ruhnau hatte zusammen mit dem Essener Schauspieldirektor Hansgünther Heyme die Konzeption des „Raumtheaters" – bei dem an jedem beliebigen Punkt des Raumes gespielt werden kann – entworfen und dafür das Theater umgebaut. Es bietet 400 Zuschauern Platz und wird ergänzt durch ein im Obergeschoß liegendes Studio (99 Plätze).
Neben dem architektonischen Gesamtkunstwerk „Aalto-Theater" ist auch dieses Ergebnis einer fruchtbaren Zusammenarbeit zwischen Schauspiel und Architektur sehens- und erlebenswert. Im Theatergebäude befindet sich eine Buchhandlung und das Cafe Central, in dem man in angenehmer Atmosphäre sitzen und bei einem Fensterplatz auf das hektische Treiben in der Innenstadt blicken kann.

Theaterpassage und Deutsches Plakatmuseum

Rathenaustr. 2
Öffnungszeiten (Plakatmuseum):
Di.-So. 12-20 Uhr
Tel: 0201/88-4114

In dem markanten, 1930 fertiggestellten Ziegelbau des Architekten der Margarethenhöhe, Georg Metzendorf, befinden sich nach einem Umbau im Jahre 1985 unter anderem das Theater „Casa Nova" sowie das „Deutsche Plakatmuseum".
Dieses einzige Museum seiner Art in Deutschland besitzt rund 80.000 zeitgenössische und historische Plakate, die in ständig wechselnden Ausstellungen der Öffentlichkeit zugänglich gemacht werden. Dem Museum ist eine umfangreiche Bibliothek zu den Themenbereichen „Plakate" und „Werbung" angeschlossen.

Aalto-Theater (Opernhaus)

Rolandstr. 10
Tel: 0201/88-2502 oder 8122-100
ÖPNV: U11/U17/U18 Saalbau
Strab. 101/107/127
P: Tiefgarage unter dem Theater

Fünfundzwanzig Jahre Planung und fünf Jahre Bauzeit wurden gebraucht, bis der – laut FAZ-Urteil – „schönste Theaterneubau seit 1945" am 25. September 1988 eröffnet werden konnte.
Schon 1958 hatte der finnische Architekt Alvar Aalto für seinen Theaterentwurf den ersten Preis einer Ausschreibung erhalten, doch wegen fehlender Mittel und anderer Präferenzen der Stadtplaner konnte mit dem Bau erst 1983 begonnen werden. Heute hat Essen allen Grund, stolz auf dieses architektonische Meisterwerk zu sein.
Wie eine schroffe Felsformation scheint sich der Gebäudekörper aus dem Grün des umgebenden Stadtgartens zu erheben – schon von außen verspricht der Bau, was sich in seinem Inneren erfüllt: Zeitlose Schönheit gepaart mit Liebe zum Detail. Der Besucher spürt sofort die Großzügigkeit der Anlage, wenn er das Foyer betritt. Es lädt geradezu zum Flanieren ein, ist eine raffiniert gestaltete Bühne – für das Publikum. Der Zuschauerraum (1.100 Plätze), ganz in Indigoblau gehalten, ist dem antiken Amphitheater nachempfunden, er umfaßt gewissermaßen die Bühne. Sicht und Akustik sind von jedem Platz aus hervorragend. Schon um des Gesamterlebnisses, des Zusammenspiels zwischen Kunst und Architektur willen,

Wie eine Klippe in der Landschaft: das Aalto-Theater

sollte man sich einen Abend im Aalto-Theater nicht entgehen lassen.

Museumszentrum Essen (Folkwang- und Ruhrlandmuseum)
Bismarckstraße
Öffnungszeiten: Di.-So. 10-18, Do. bis 21 Uhr
Tel: 88-8484 (Folkwangmuseum), 88-8411 (Ruhrlandmuseum)
ÖPNV: U17 Gemarkenplatz oder U11/Strab.101/107 Rüttenscheider Stern
P: Goethestraße

1983 wurden das Kunstmuseum Folkwang und das historische Ruhrlandmuseum in einem Gebäude zum Museumszentrum Essen zusammengefaßt.

Folkwangmuseum
Die Einrichtung des Folkwangmuseums geht auf die Vereinigung des Essener Kunstmuseums mit der 1922 von der Stadt erworbenen Sammlung des Hagener Mäzens Karl Ernst Osthaus zurück. Osthaus schuf in diesem Zusammenhang den seltsam anmutenden Namen „Folkwang", der soviel wie „Halle des Volkes" bedeutet und aus der Edda stammt.
Die Bestände des Museums erlauben eine nahezu lückenlose Präsentation der Malerei des 19. und 20. Jahrhunderts. Dabei ist jede Epoche mit bedeutenden Werken vertreten und der Besucher stößt auf Namen wie Caspar David Friedrich, Renoir, Liebermann, van Gogh, Nolde, Marc, Picasso, Dali, Warhol. Durch den Ankauf jüngerer Arbeiten zeitgenössischer Künstler wird die Aktualität der Sammlung bewahrt. Eine Sammlung von Plastiken (u.a. Rodin, Barlach, Lehmbruck) ergänzt die Bestände.
Neben der Präsentation eigener Objekte gelingt es dem Folkwangmuseum auch immer wieder, bedeutende Ausstellungen aus verschiedenen Beständen zusammenzubrin-

Universität-Gesamthochschule Essen

gen, ein Beispiel dafür ist die weithin bekannt gewordene Schau „Van Gogh und die Moderne", die 1990 über eine halbe Million Besucher nach Essen lockte.

Ruhrlandmuseum
Dem Ruhrlandmuseum gelingt es mit seiner Dauerausstellung, dem Besucher die Entwicklung „Vom Ruhrland zum Ruhrgebiet" auf zwei Etagen sinnfällig vor Augen zu führen. Dabei ist die untere Etage der Vor- und Frühgeschichte vorbehalten. In dieser Zeit entstanden die Grundlagen des Lebens im Allgemeinen und die des Ruhrgebiets im Besonderen – nämlich die Kohle.
In der oberen Etage, die der Besucher über die einem Förderschacht nachempfundene Treppe erreicht, sind die Auswirkungen der Industrialisierung auf die Menschen und die Region dargestellt. Dabei stehen die sozialen Wohn- und Lebensverhältnisse der Berg- und Stahlarbeiter und ihrer Familien im Mittelpunkt.

Kirmesmuseum
Berliner Platz 24
Öffnungszeiten und Führungen nach tel. Vereinbarung.
Tel: 228749 und 626955
Der Schausteller Erich Knocke sammelt seit vielen Jahren in einer ehemaligen Großmarkthalle am Berliner Platz Jahrmarkt- und Kirmesutensilien. Seine Exponate – teilweise noch aus dem 18. Jahrhundert – lassen das Herz jedes Kirmesliebhabers höher schlagen. Neben Kuriositäten kann eine Grafiken- und Schriftensammlung zur Geschichte des „fahrenden Volkes" besichtigt werden.

Design Zentrum NRW
Hindenburgstr. 25-27
Öffnungszeiten und Führungen nach Vereinbarung
Tel: 227995
ÖPNV: Bus 166
P: Hoffnungsstr.
Designprodukte aus Wohn- und Arbeitswelt sind im Design Zentrum Nordrhein-Westfalen zu bewundern. Durch Wechselausstellungen sowie eine jährliche Sonderschau prämierter Designerexponate ist das Zentrum zu einem Anziehungspunkt für Experten und Laien geworden. Vorträge und Seminare über Design ergänzen das Angebot.

Universität-Gesamthochschule Essen
Universitätsstraße
Tel: 183-1
ÖPNV: U17 Universität
P: Universitätsstr. oder Reckhammerweg
In unmittelbarer Nähe der Innenstadt – an der Stelle des ehemaligen Arbeiterviertels „Segeroth" – liegt die 1972 gegründete Universität-Gesamthochschule Essen, an der mittlerweile rund 20.000 Studenten immatrikuliert sind.
Die Neugründung, die mit dazu beitrug, das Ruhrgebiet zur dichtesten Hochschullandschaft Europas zu machen, wurde von Studenten und Bürgern gut angenommen. Dazu tragen sicher auch die Öffnung der Hochschule für Gasthörer und Interessenten, sowie die Zugänglichkeit der Universitätsbibliotheken für alle Bürger bei.
Das in Holsterhausen (siehe dort) liegende Universitätsklinikum besitzt über den Essener Raum hinaus einen hervorragenden Ruf.

Essener Lichtwochen

Seit über 40 Jahren gibt es in Essen die Lichtwochen. Rund 100.000 Glühbirnen lassen dann von Oktober bis Januar die Einkaufsstraßen der Stadt erstrahlen. Jedes Jahr stehen die Lichtwochen unter einem anderen Leitthema. Ob 1972, passend zur Olympiade in Deutschland, „Trimm dich", 1981 „Micky's Licht-Schau" oder 1992 „Essen mitten in Europa", die Essener Illuminationen wurden zum Anziehungspunkt für viele „Nichtessener" und zählen mittlerweile zu den Wahrzeichen der Stadt.

Galerien

Calicio – Galerie für Puppen
Huyssenallee 15, Tel. 235565, Öffnungszeiten: Mo. 15-18 Uhr, Di.-Fr. 10-18 Uhr.
Ausgefallene Puppen und textile Kunstarbeiten.

Galerie 33
Vereinstr. 21, Tel. 239897, Öffnungszeiten: Mo-Mi, Fr 10-18.30 Uhr, Do 10-20.30 Uhr, Sa 10-14 Uhr.
Kunstdrucke und Einrahmungen.

Galerie Glass
Lindenallee 84, Tel. 239654, Öffnungszeiten: Tgl. 10-13 Uhr und 15-18 Uhr. Tapeten, Teppiche und Möbel aus den vergangenen Jahrhunderten.

Galerie Heimeshof
Kennedyplatz 5 / Moltkeplatz 5, Tel. 230490/263742, Öffnungszeiten: Di-Fr 9.30-18.30 Uhr, Sa 9-14 Uhr. Internationale abstrakte Kunst nach 1945.

Galerie Marré & Nautsch
Gerlingstr. 47, Tel. 224400, Öffnungszeiten: Mo-Fr 14.30-18.30 Uhr, Sa 11-13 Uhr. Zeitgenössische Kunst.

Galerie Neher
Villa Koppers am Moltkeplatz, Tel. 26699-0, Öffnungszeiten: Mo-Fr 10-18.30 Uhr, Sa 10-14 Uhr. Deutsche Kunst des 20. Jahrhunderts.

Galerie Robert Haas
Huyssenallee 70, Tel. 222880, Öffnungszeiten: Di-Fr 9-13 Uhr und 15-18 Uhr, Sa 9-14 Uhr. Aquarelle, Gemälde, Graphik und Rahmen.

Galerie Schütte
Bornstr. 15, Tel. 202510, Öffnungszeiten: Mi u. Fr 15.30-18.30 Uhr, Sa 11-14 Uhr. Malerei, Zeichnungen und Skulpturen.

Niagara – Art and More
Lindenallee 10, Tel. 1235362, Öffnungszeiten: Mo-Fr 9-18.30 Uhr, Sa 9-14 Uhr. Kunstdrucke und Einrahmungen.

Rahmen und Bild Klein
Lindenallee 73-79, Tel. 226328, Öffnungszeiten: Mo-Fr 9-18.30 Uhr, Sa 9-14 Uhr. Zeitgenössische Kunst, Kunstdrucke, Gemälderestaurierung und Einrahmungen.

Gastronomie

Restaurants

Al Portofino
Hagenaustr. 20, Tel. 272771, Öffnungszeiten: Mi-Mo 12-14.30 Uhr, 17.30-0.30 Uhr. Italienische Spezialitäten in gemütlicher Atmosphäre.

Au Premier Mövenpick
Am Hauptbahnhof 2, Tel. 1708111, Öffnungszeiten: Tgl. 11.45-14.30 Uhr, 18-23 Uhr. Das erste auf Fisch spezialisierte Mövenpick-Restaurant. Täglich wechselnde Speisekarte, hier trifft sich die Essener Geschäftswelt.

Bonne Auberge
Witteringstr. 92, Tel. 783999, Öffnungszeiten: Mo-Fr 12-14.30 Uhr, 18-23 Uhr, Sa 18-23 Uhr. Tischreservierung erforderlich. Französisches Spezialitätenrestaurant der Spitzenklasse.

Da Bruno
Kastanienallee 104, Tel. 232150, Öffnungszeiten: Di-So 12-15 Uhr, 18-24 Uhr. Kleines aber feines Restaurant, in dem italienische Speisen liebevoll zelebriert werden.

Dynasty Teppan Yaki
Hirschlandplatz 1 (Deutschlandhaus), Tel. 234071, Öffnungszeiten: 12-15 Uhr, 18-24 Uhr. Japanisches Restaurant für Freunde der asiatischen Küche, die eine gepflegte Einrichtung und eine reichhaltige Speisekarte zu schätzen wissen.

La Fontaine
III. Hagen 47, Tel. 227167, Öffnungszeiten: Mo-Sa 12-15.30 Uhr, 17.30-24 Uhr, Sa 17.30-24 Uhr. Erlesene internationale Küche in einer kühlen Glas-Chrom-Atmosphäre, reichhaltige Weinkarte.

La Grappa
Rellinghauserstr. 4, Tel. 231766, Öffnungszeiten: Mo-Fr 11.30-14.30 und 17.30-24 Uhr, Sa 17.30-24 Uhr. Ruhetag: Sonntag. Tischre-

Mahn- und Gedenkstätte „Alte Synagoge"

servierung erbeten. Ital. Spezialitäten, gemütliche Atmosphäre, gehobenes Niveau.

L'Opera
Hirschlandplatz 2d (Theaterpassage), Tel. 239124, Öffnungszeiten: Tgl. 12-14.30 Uhr und 18-23.30 Uhr. Große Weinkarte, ital. Spezialitäten, gehobenes Niveau.

Lotusgarten
Lindenallee 10 (Deutschlandhaus), Tel. 235096, Öffnungszeiten: 11.30-15 Uhr, 17.30-24 Uhr. Vornehm eingerichtetes chinesisches Restaurant mit freundlicher Bedienung und klassischer Klavieruntermalung.

Mandarin
Viehoferstr. 13, Tel. 228220, Öffnungszeiten: Mo-So 12-24 Uhr. Chin. Spezialitäten.

Maredo
Kapuzinergasse 9, Tel. 227822, Öffnungszeiten: Mo-So 11.30-0.30 Uhr. Tischreservierung erbeten (außer nachmittags). Argentinische Steak-Spezialitäten.

Pfefferkorn
Rathenaustr. 5, Tel. 238312, Öffnungszeiten: Mo-So 11-24 Uhr. Tischreservierung erbeten. Nationale und internationale Küche. Im Sommer Cafeterrasse. Gemütliche Atmosphäre.

Pizzeria Gallo
Huyssenallee 7, Tel. 222919, Öffnungszeiten: Mo-So 12-14.30 Uhr und 17.30-24.00 Uhr. Stilechtes italienisches Restaurant in der Nähe des Hauptbahnhofs.

Pizzeria Marco Polo
Breslauer Str. 60, Tel. 704142. Gemütliche Einrichtung, nettes Personal.

Sorbaz
Juliusstr. 12, Tel. 226127. Am Wochenende Tischreservierung emp-

fohlen. Der beste Grieche in Essen! Nette Atmosphäre, zivile Preise.

Weinstuben
Kettwiger Str. 36, Tel. 224581, Öffnungszeiten: Mi-Do 15-1 Uhr, Fr/Sa 15-2 Uhr, So 15-1 Uhr. Montag u. Dienstag Ruhetag außer an Feiertagen. Am Wochenende Tischreservierung empfohlen. Gehobenes Preisniveau.

Zeitungsente
Sachsenstr. 30, Tel. 236608, Öffnungszeiten: Mo-Sa 11.30-1 Uhr. Das im Pressehaus liegende Restaurant besitzt eine gute französisch-italienisch geprägte Küche. Kleine Snacks und umfangreiche Menues stehen auf der Speisekarte.

Kneipen

Brauhaus Graf Beust
Kastanienallee 95, Tel. 225719, Öffnungszeiten: So-Do 11.30-24 Uhr, Fr-Sa 11.30-2 Uhr. Leckeres Bier aus eigener Produktion, deftige „Kohlenpott-Küche", regelmäßig Veranstaltungen (Jazz, Country).

Fun Fabrik
Schützenbahn 38, Tel. 223551/2, Öffnungszeiten: So-Do 10-24 Uhr, Fr u. Sa 10-2 Uhr. 22 Bahnen erfreuen jeden Hobby-Bowler, an der Bar gibt es neben kühlen Drinks auch stärkende Snacks.

Happy Lou
Juliusstr.4 (Nähe Hauptbahnhof), Tel. 235557, Öffnungszeiten: Mo-Do 19-1 Uhr, Fr-So 19-3 Uhr. Cocktailbar nach amerikanischem Vorbild. Preiswerte, wohlschmekkende Cocktails, illustres Publikum.

Lenz
Segerothstr.119, Tel. 327901, Öffnungszeiten: So-Do 10-1 Uhr, Fr u. Sa 20-3 Uhr. Nette Kneipe in Uninähe. Gute Küche, Biergarten. Am Wochenende bis 4 Uhr geöffnet. Freitag und Samstag: Lenz Dance.

Litfaß
Segerothstr.85, Tel. 313574, Öffnungszeiten: Mo-Sa 16.30-1 Uhr. Sonntag Ruhetag. Gemütliche Kneipe in Uninähe. Gutbürgerliche Küche, Kegelbahn.

Nord
Viehhofer Platz 1, Tel. 231207, Öffnungszeiten: So-Do 11-2 Uhr, Fr u. Sa 11-4 Uhr. Größte Hard-Rock-Kneipe, Billard, kleine Speisen.

Panoptikum
Gerlingplatz 14, Tel. 225586, Öffnungszeiten: Tgl. 19-1 Uhr, Fr u. Sa 19-4 Uhr. Gute Musik von Independent bis Oldie. Gemütliche Atmosphäre, am Wochenende bis 4 Uhr geöffnet, kleine Speisen.

Peppermint Park L.A.
Lindenallee 10, (Deutschlandhaus), Tel. 224165, Öffnungszeiten: Mo-Fr 9.30-1 Uhr, Sa-So 9.30-3 Uhr. Szenetreff der Essener Twens auf drei Etagen mit dementsprechenden Preisen.

Platz
Salzmarkt 1, Tel. 226776, Öffnungszeiten: Tgl. 10-1 Uhr. Szene-Treff, schöner Biergarten mit Paris-Flair.

Cafes

Cafe Central
Theaterplatz 11 (Grillo-Theater), Tel. 8122387, Öffnungszeiten: Tgl. 10-1 Uhr geöffnet. Kleines Speisenangebot, Veranstaltungen (musikalische Lesungen). Spezialität: Frühstück.

Cafe du Pont
Porscheplatz 105, Tel. 232551, Öffnungszeiten: Mo-Do 10-24 Uhr, Fr-Sa 10-1 Uhr, So 15-22 Uhr. Hübsche Einrichtung, gehobene Preisklasse, zentral gelegen.

Cafe Overbeck
Kettwiger Str. 15, Limbecker Str. 45, Hauptpost, Tel. 237171. Cafe mit großer Kuchenauswahl. Gemischtes Publikum, gehob. Preisl.

Cafe Tapas
Theaterpassage, Tel. 237416. Reichhaltige, internationale Küche, „Kö-Preise". So: Brunch 10 -14 Uhr. Am Wochenende bis 3 Uhr geöffnet.

Hitchcock Film Cafe
Kopstadtplatz 25, Tel. 229206. Ambiente zwischen Intellektualität und Schlampigkeit. Tgl. bis 1 Uhr geöffnet.

Karl Espresso Bar
Akazienallee/ Am Handelshof 1, Tel. 222313, Öffnungszeiten: Mo-Mi 9-20 Uhr, Do-Sa 9-1 Uhr. Design-Atmosphäre, ausgezeichneter italienischer Cappuchino.

Discos

Club David (CD)
Am Handelshof 11, Tel. 230252, Öffnungszeiten: Mo-So 21-4 Uhr. Der Treffpunkt der Schwulenszene. Am Wochenende sehr voll, aber auch in der Woche immer was zu sehen. Gelegentlich Veranstaltungen (Travestieshows).

Meyer's Musikladen
1. Dellbrügge, Tel. 228044, Öffnungszeiten: Fr 20-3 Uhr, Sa 19.30-3.30 Uhr. Roland Kaiser-Outfit bei WDR 4-Musik.

Mississippi
Im Hotel Handelshof (Hauptbahnhof), Tel. 1708-0, Öffnungszeiten: Mi-So 20-2 Uhr, Fr/Sa 20-5 Uhr. 600 Plätze, gemischtes, vorwiegend etwas älteres Publikum.

Modell Traumwelt
Pferdemarkt, Tel. 228026, Öffnungszeiten: Mo-Sa 21.30-5 Uhr. Mindestverzehr. Musik: Disco, Dancefloor. Versch. Ebenen mit Bar etc., gepflegte Kleidung Voraussetzung!

Neue Liebe
Gildehofcenter, Hollestr. 3, Tel. 224109, Öffnungszeiten: Di u. Do 20-3 Uhr, Fr u. Sa 20-5 Uhr. Singletreff für die reifere Jugend.

Oasis
Am Handelshof 9, Tel. 222843. Black music wie Funk, Rap, Soul, Reggae, Salsa, Afro. Fröhliche Atmosphäre.

Sigi's Kalei
Steeler Str. 31, Tel. 224767, Öffnungszeiten: Mo-So 19-1 Uhr. Preiswert, kein Kleidungszwang. Je nach Wochentag verschiedene Musikrichtungen, kleine Tanzfläche. Publikum gemischt wie die Musik.

Bars

Spiegel-Bar
Kastanienallee 28
Tel. 228127

Tanta Anna
Rellinghauser-Str. 71
Tel. 234743

Hotels

Ibis
Hollestr. 50, Tel. 24280. Mittlere Kategorie, 310 Betten.

Assindia
Viehofer Platz 5, Tel. 235077. Mittlere Kategorie, 75 Betten.

Essener Hof
Teichstr. 2, Tel. 20901. Mittlere Kategorie, 163 Betten und 3 Suiten.

Handelshof
Mövenpick-Hotel, Am Hauptbahnhof 2, Tel. 17080. Gehobene Preislage, 257 Betten.

Sheraton
Huyssenallee 55 (Saalbau), Tel. 20951. Gehobene Preislage, 206 Zimmer.

Zum Deutschen Haus
Kastanienallee 16, Tel. 232989. Preiswert, 30 Betten.

Karnap
Müllheizkraftwerk
Bez. Sportanl.
Math.-Stinnes-Stadion
Gladbecker Str.
224
Arenbergstr.
Karnaper Str.
Ruhrglasstr.
Pastor-Fliedner-Weg
Kaiserswerthstr.
Batenbrocker Str.
Boshamer Str.
Hattramstr.
Karnaper Mkt.
Sigambrerstr.
Arminiusgarten
Thusneldastr.
Berswortstr.
Gravelottestr.
Spichernstr.
Schanze
Waldemey
Rahmdörne
Rottgers-Bank
Nordsternstr.
Heßlerstr.
Altenessener Str.
Stapenhorststr.
Hohendahlstr.
Gewerkenstr.
Kath.K.
Autobahnkreuz Essen Nord
Thiesstr.
Frauenfelderstr.
Honnerskamp
Neuessener Str.
I. Schnieringstr.
II. Schnieringstr.
Elisabeth-Selbert-Str.
Schichtstr.
Kolpingstr.
Bausemshorst
Wolbeckstr.
Altenessen
Johanniskirchstr.
Johanniskirchpl.
Marienhospital
Karlspl.
Hospitalstr.
Mallinckrodtstr.
Wilhelm-Nieswandt-Allee
Karl-Denkhaus-Str.
Einkaufszentrum
Vogelheim
ehem. Zeche Emscher Schacht Emil
Daniel-Eckhardt-Str.
Teilungsweg
Winkhausstr.
Altenessener Markt
Stadtbad
Heizwerk
Funtholtstr.
Vogelheimer Str.
Am Schlagbaum
Beckstadtstr.
Lichtenhorst
Strickerstr.
Schonnefeldstr.
Realsch.
Wildpferdehut
Sp.Pl.

Eine typische Zechensiedlung in Karnap

Altenessen

(mit Karnap und Vogelheim)

Der Name „Altenessen" bezeichnet wahrscheinlich tatsächlich die ältere Siedlung, obwohl „Alden Essende" erst um 1220 erstmals erwähnt wurde. Demnach ist das Stift Essen südlich einer Siedlung mit Namen „Astnide" oder „Astenithi" (Altsächsisch = „Ostdorf") gegründet worden und hat, da es schnell weitaus größere Bedeutung erlangte, den Namen übernommen. Das Bewußtsein, daß die kleine Siedlung die ältere war, drückte sich eben in dem Ortsnamen aus, der die gleichen Wandlungen mitmachte wie der Stifts- und Stadtname.

Daß sich hier tatsächlich eine frühe sächsische Siedlung befunden hat, wird durch den Fund eines Fürstengrabes aus dem 6./7. Jahrhundert belegt. Der Siedlungsmittelpunkt soll sich am Zusammenfluß der Berne mit der Sakenbeke, etwa an der Stelle der heutigen Gastwirtschaft „Seulmannseck" auf der Altenessener Straße befunden haben. Man kann darüber spekulieren, ob hier das Vatergut Altfrieds lag, der dann das Stift eben südlich des eigentlichen Hofes auf ungenutztem Land gegründet hätte – eine Erklärung, die viel für sich hat.

Bis ins 19. Jahrhundert hinein war Altenessen ein ländlich geprägtes Dorf, das auch durch Friedrich Krupps 1812 errichtete Stahlschmelze auf der Walkmühle seinen dörflichen Charakter kaum verlor. Das änderte sich mit der Gründung des Kölner Bergwerksvereins und der

Neues Leben in der Industrieruine: Kulturzentrum „Zeche Carl“

Anlage der ersten Zechen auf Altenessener Gebiet: Neu-Cöln (Carl) und Anna, 1845. Ihnen folgten die Zechen Heinrich Theodor 1855 und Helene 1874.
1915 wurde Altenessen nach Essen eingemeindet, im selben Jahr auch Vogelheim, das damals zu Borbeck gehörte. 1220 erstmals erwähnt, ist Vogelheim aber eigentlich nur als Fundort der berühmten „Vogelheimer Klinge“, eines bearbeiteten Steins aus der Altsteinzeit, der auf die frühe Besiedlung dieser Gegend hinweist, bekannt geworden. Außerdem wurde hier im Jahr 1923 der Fußballverein Rot-Weiß Essen gegründet.
Karnap, 1302 erstmals erwähnt, gehörte bis 1915 zu Altenessen, war dann selbstständig und wurde schließlich 1929 ebenfalls nach Essen eingemeindet. Der Name – beziehungsreich für seine Lage an der Emscher – bedeutet soviel wie „Schmutzwasser“ und das, obwohl die Emscher damals sicher noch viel sauberer war.

Zeche Carl

Hömannstr. 10
Tel: 357922 (8344410)
Öffnungszeiten (Kulturzentrum/Kneipe): tägl. ab 19 Uhr

Industriedenkmal und Kneipe sind im Kulturzentrum „Zeche Carl“ zu einer glücklichen Symbiose vereint worden. Wahrzeichen der 1855 abgeteuften Zeche („abteufen“ bedeutet in der Bergmannssprache das Graben des Schachtes) ist der mächtige „Malakowturm“. Solche Türme gab es auf vielen Zechen im Ruhrgebiet, sie wurden nach dem Krimkrieg (1853-56) einem Turm der dort heißumkämpften Festung Sewastopol nachgebildet. Die mächtigen Türme dienten der Aufnahme der Fördertechnik, bevor sie seit etwa 1880 durch Fördergerüste aus Stahl abgelöst wurden. Dieser Turm ist eines der ganz wenigen noch erhaltenen Exemplare.
Das Kulturzentrum befindet sich in der „neuen Kaue“ („Kaue“ =

Wertvolle Gefäße im Museum Altenessen

Wasch- und Umkleideraum der Bergleute) aus dem Jahr 1899, wo heute viele Konzerte stattfinden. Im Sommer ist der alte Zechenhof ein beliebter Biergarten, in dem sich nicht nur die alternative Szene bei kühlen Getränken in schöner Umgebung und entspannter Atmosphäre trifft.

Museum Altenessen für Archäologie und Geschichte

Altenessener Str. 273
Tel: 88-8211
Öffnungszeiten: Di-So 10-18 Uhr
ÖPNV: Strab. 101 und 106 bis Kaiser-Wilhelm-Park
P: Parkmöglichkeiten vor dem Museum und schräg gegenüber an der Altenessener Str.

Die archäologische Sammlung des Ruhrlandmuseums wird seit 1984 in einem eigenen Haus gezeigt, einer ehemaligen Schule an der Altenessener Straße. Die ersten größeren Bestände stammen aus der Zeit vor dem ersten Weltkrieg: Vorgeschichtliche Fundstücke, die z.B. beim Bau des Rhein-Herne-Kanals zutage kamen, sowie die umfangreiche Sammlung europäischer und vorderasiatischer Vor- und Frühgeschichte des Straßburger Archäologen Rudolf Forrer.

Nach dem ersten Weltkrieg vergrößerte das Museum seinen Besitz durch eigene Ausgrabungen im Ruhrgebiet sowie am Niederrhein und in Westfalen. In den sechziger Jahren wurde in Essen-Hinsel eine Germanensiedlung mit vielen Fundstücken aus römischer Zeit ausgegraben, außerdem wurden seither zahlreiche Antiken aus dem Alten Orient, Griechenland und Rom angekauft, so daß die Sammlung heute ein breites Spektrum der Vorgeschichte und Antike vom Iran bis Westeuropa bietet.

Hervorheben sollte man die schöne Sammlung antiken Glases, die ex-

Im Georg-Melches-Stadion gilt: Rot-Weiß über alles

quisiten Luristanbronzen sowie zwei qualitätvolle klassische Marmorköpfe.
Seit 1989 ist das Museum eng mit dem Fach Geschichte der Essener Universität verbunden: Vorträge, thematische Führungen, Exkursionen und „WERKSTATT"-Kurse ermöglichen dem Interessierten, sein Wissen zu vertiefen. Veranstaltungsprogramme zu den Aktionen des Museums sind dort erhältlich.

Rot-Weiß Essen

1907 gründeten die Brüder Georg und Hermann Melches eine Fußballmannschaft, aus der 1923 der Essener Fußballverein hervorging: der SC Rot-Weiß-Essen.
Durch seine Erfolge hebt er sich von den insgesamt 130 Fußball- bzw. Sportvereinen Essens ab: Bei der Weltmeisterschaft 1954 schoß der Essener Nationalspieler Helmut Rahn das spektakuläre Siegestor gegen Ungarn und verhalf Deutschland damit zum Weltmeistertitel. Im Jahr zuvor war Rot-Weiß der Pokalsieg gelungen, 1955 wurde die Mannschaft gar Deutscher Meister.
Die großen Zeiten sind zwar längst vorbei, doch konnte man noch 1994 das Pokalfinale gegen Werder Bremen erreichen. Und für seine treuen und begeisterungsfähigen Fans, die alle zwei Wochen ins „Georg-Melches-Stadion" pilgern, ist der Verein sowieso bundesweit bekannt.

Gastronomie

Restaurants

Restaurant im Hotel Astoria
Altenessener Str. 450, Tel. 368518 u. 343122, Öffnungszeiten: Mo-So 17-1 Uhr. Gehobenes Niveau. Spezialitäten: Weinbergschnecken und Gambas.

Haus Fischer
Bäuminghausstr. 59, Tel. 311187, Öffnungszeiten: Mi-Mo 16-1 Uhr. Gemütliche Eckkneipe mit familiärer Bedienung. Bürgerliche Speisekarte mit angemessenen Preisen.

Fonda Mehring
Vogelheimer Str. 165, Tel. 341604, Öffnungszeiten: tägl. 19-4 Uhr. Am Wochenende Tischreservierung erwünscht. Deftiges, preiswertes Essen.

Kneipen

Babaloo Musikkneipe
Stauderstr. 63, Tel. 341957, Öffnungszeiten: Rockige Musik und drei Partytage (So: Reggae, Mo: Seventies, Mi: Heavy)

Zeche Carl
Hömannstr. 10, Tel. 8344410, Öffnungszeiten sind dem Veranstaltungskalender zu entnehmen. Hier ist alles in einem: Kneipe, Disco, Veranstaltungen, Biergarten im Sommer. Gemischtes Publikum je nach Veranstaltung, viele Studenten.

Discos

Disco im Hotel Astoria
Altenessener Str. 450, Tel. 368518, Öffnungszeiten: Fr 21-4 Uhr, Sa 20.30-4 Uhr. Große Disco, illustres Publikum, vorwiegend Popmusik.

Bars und Clubs

Zur Oase
Altenessener Str. 85
Tel. 328245

Sauna Club Penelope
Hundebrinkstr. 8
Tel. 313514

Hotels

Astoria
Altenessener Str. 450, Tel. 343122. Mittlere Preislage, 46 Betten.

Böll
Altenessener Str. 311,
Tel. 357535. Preisgünstig,
47 Betten.

Altendorf
Frohnhausen
Westvie
Holsterha
Altendorfer Str.
Frohnhauser Str.
Holsterhauser Str.
Martin-Luther-Str.
Mülheimer Str.
Hamborner Str.
Helenenstr.
Husmannshofstr.
Gesamtsch.
Sp.Pl.
Finanzamt Ost
In der Hagenbeck
Güterabf. E-West
E - West
Am Westbahnhof
Gervinuspark
Riehlpark
Westpark
Alfredspark
Am Alfredspark
Kaufm. Sch.
E-Holsterhau
E-Frohnhausen
Adelkampstr.
Wiesenbergstr.
Kaulbachstr.
Hausackerstr.
Raffelberger Str.
Kepler Str.
Overbeckstr.
Krematorium
Tennisanl.
Kath.K.
Ev.K.
Sch.
P+R
DB
40

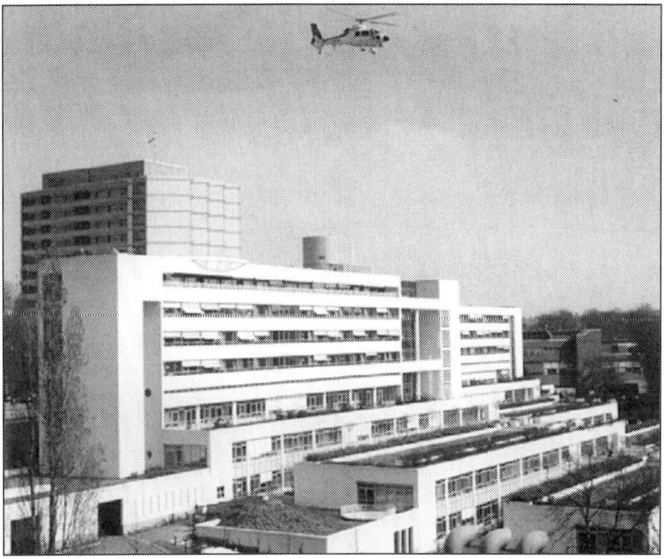

Das Universitätsklinikum: weit über Essen hinaus bekannt

Frohnhausen Altendorf Holsterhausen

Als 1901 die Bürgermeisterei Altendorf mit den Bauerschaften Altendorf, Frohnhausen und Holsterhausen nach Essen eingemeindet wurden, stiegen Bevölkerungszahl und Fläche der Stadt mit einem Schlag auf mehr als das Doppelte an.
Die drei späteren Stadtteile gelangten zwar erst durch die Ansiedlung der Firma Krupp zu einiger Bedeutung, doch handelt es sich um sehr alte Gemeinden. So wurde Altendorf („Aldendorpe") schon vor der Jahrtausendwende erwähnt, Holsterhausen – als „Holtseterhusen" („wo die Leute aus dem Wald wohnen") – um 1150 und Frohnhausen im Jahre 1220.
Es gibt kaum typischere „Arbeiterviertel" in Essen, als diese drei Stadtteile. Wohnen und Arbeiten stehen hier obenan, Freizeitgestaltung findet in anderen Stadtteilen statt. Die Nähe zur „Waffenschmiede" Krupp führte dazu, daß Frohnhausen, Altendorf und Holsterhausen von den Bombardements des Zweiten Weltkriegs mit am schwersten getroffen wurden: Hier blieb kaum ein Stein auf dem anderen, weshalb man historische Gebäude vergeblich sucht.

Ein typisches „Büdchen“ in Frohnhausen

Universitätsklinikum

Hufelandstraße
ÖPNV: U17 Holsterhauser Platz, Strab. 106 Klinikum
P: Virchowstr.

1909 waren die Kruppschen Krankenanstalten als Krankenhaus für Werksangehörige gegründet worden. In den 50er Jahren wurden sie nach Kriegszerstörungen als Klinikum wieder aufgebaut. 1963 gliederte man das Klinikum der Medizinischen Fakultät der Universität Münster und später der Ruhruniversität Bochum an.

Seit 1972 gehört das Universitätsklinikum zur Universität-Gesamthochschule Essen. Das Klinikum ist weit über die Grenzen des Ruhrgebietes und der Bundesrepublik hinaus bekannt durch seine Leistungen auf den Gebieten der Transplantationstechnik, der Tumortherapie und besonders der Netzhautoperationen: 90 % aller frühkindlichen Augentumore werden in Essen behandelt.

Freizeitzentrum Oase/Freibad West

Nöggerathstr. 41 (Oase)/107 (West)
ÖPNV: S1/S3 E.- Frohnhausen

Angesichts des Umfeldes ist der Name „Oase“ für dieses Freizeitzentrum durchaus zutreffend: Sonnenbänke, Sauna, Fitneßstudio, Unterwassermassage und verschiedene Schwimmbecken (mit Strömungskanal, Fontänen und Wasserrutschen) sorgen für Erholung und locken auch Kundschaft aus anderen Stadtteilen an. Weitere Informationen unter Tel: 766868.

In unmittelbarer Nähe der „Oase“ liegt das „Freibad West“, das sogenannte „Nöggerathbad“ (Tel: 626511; geöffnet von Mai bis September), das besonders wegen seiner großen Liege- und Spielwiesen im Sommer gerne besucht wird.

Gastronomie

Restaurants

Dubrovnik

Hufelandstr. 1, Tel. 781355, Öffnungszeiten: Di-So 11.30-24 Uhr. Montag Ruhetag. Jugoslawische und internationale Küche in ruhiger und gemütlicher Atmosphäre. Spezialität: Filetsteak, Salatteller.

El Sombrero

Holsterhauser Str. 69, Tel. 721213, Öffnungszeiten: Tgl. 17.30-24 Uhr. Gute mexikanische Küche zu normalen Preisen.

Holsterhauser Hof
Robert-Koch-Str. 2, Tel. 744671, Öffnungszeiten: Tgl. 11-22 Uhr. Mittelklasselokal in rustikaler Atmosphäre. Kneipe und Restaurant in einem. Spezialität: Rheinischer Sauerbraten, Kasseler mit Sauerkraut.

Kölner Hof
Duisburger Str. 21, Tel. 763430, Öffnungszeiten: Di 18-22 Uhr, Mi-So 12-14 und 18-22 Uhr, Montag Ruhetag. Spitzenrestaurant mit sehr freundlicher Bedienung. Spezialität: Lammnierchen mit Senfsauce und Kartoffelpüree-Zopf. Zimteisparfait mit gefülltem Crêpe.

La Barca
Rühlestr. 2, Tel. 777459, Öffnungszeiten: Tgl. 12-14.30 Uhr, 17.30-24 Uhr. Am Wochenende Tischreservierung empfohlen. Gemütliches italienisches Restaurant. Spezialität: Fisch.

Pimaan Thai
Düsseldorfer Str. 38, Tel. 761032, Öffnungszeiten: Tgl. 12-15 Uhr und 18-24 Uhr. Raffinierte Küche und unerwartetes Ambiente lassen das unscheinbare Äußere vergessen.

Pizzeria Pinocchio
Helenenstr. 2, Tel. 628978, Öffnungszeiten: Di-So 12-14.30 Uhr, 18-24 Uhr. Tischreservierung empfohlen. Italienisches Spezialitätenrestaurant, wöchentlich wechselnde Zusatzkarte mit erlesenen Pasta-, Fleisch- und Fischgerichten, aufmerksame Bedienung, mittleres Preisniveau.

Zur Platte
Gervinusstr. 18, Tel. 702386, Öffnungszeiten: Tgl. 11.30-24 Uhr. Gutbürgerliche Küche, gemütliche Einrichtung.

Kneipen

Cafe Cuba
Am Westbahnhof 1, Tel. 708884, Öffnungszeiten: Di-Do 20-3 Uhr, Fr-Sa 20-5 Uhr, Sonntag und Montag Ruhetag. Vorwiegend exotische Musik wie Reggae, Salsa etc. Am Wochenende Disco. Sehr temperamentvolles Publikum verschiedenster Nationalität.

Cafe Salsa
Frohnhauserstr. 122, Tel. 743564, Öffnungszeiten: Tgl. 17-1 Uhr. Cocktails zu zivilen Preisen, gemischtes, vorwiegend jüngeres Publikum.

Domino
Holsterhauser Str. 99, Tel. 735351, Öffnungszeiten: Tgl. 19-1 Uhr. Alternative Studentenkneipe, urig gemütlich.

Kneipe Ich
Oberdorfstr. 67, Tel. 629829, Öffnungszeiten: Tgl. 19-1 Uhr. Kleine, enge aber gemütliche Kneipe, eher alternatives Publikum.

Münchner Weißbierhaus
Hufelandstr. 1, Tel. 780787, Öffnungszeiten: Tgl. 17-1 Uhr, Fr u. Sa 17-3 Uhr. Breit gefächertes Publikum, immer gute Stimmung und keiner weiß warum; nie weggehen, ohne warme Brezeln gegessen zu haben.

Cafes

Cafe Gemarken
Rubensstr. 22, Tel. 703738, Öffnungszeiten: Mo-Fr 8.30-19 Uhr, Sa 9-18 Uhr, So 14-18 Uhr. Gutbürgerliches Cafe mit ca. 40 Gerichten und 50 Torten.

Hotels

Fortuna
Rubensstr. 2, Tel. 734046. Preisgünstig, 57 Betten.

Frohnhauser Hof
Berzeliusstr. 60, Tel. 734061. Preisgünstig, 49 Betten.

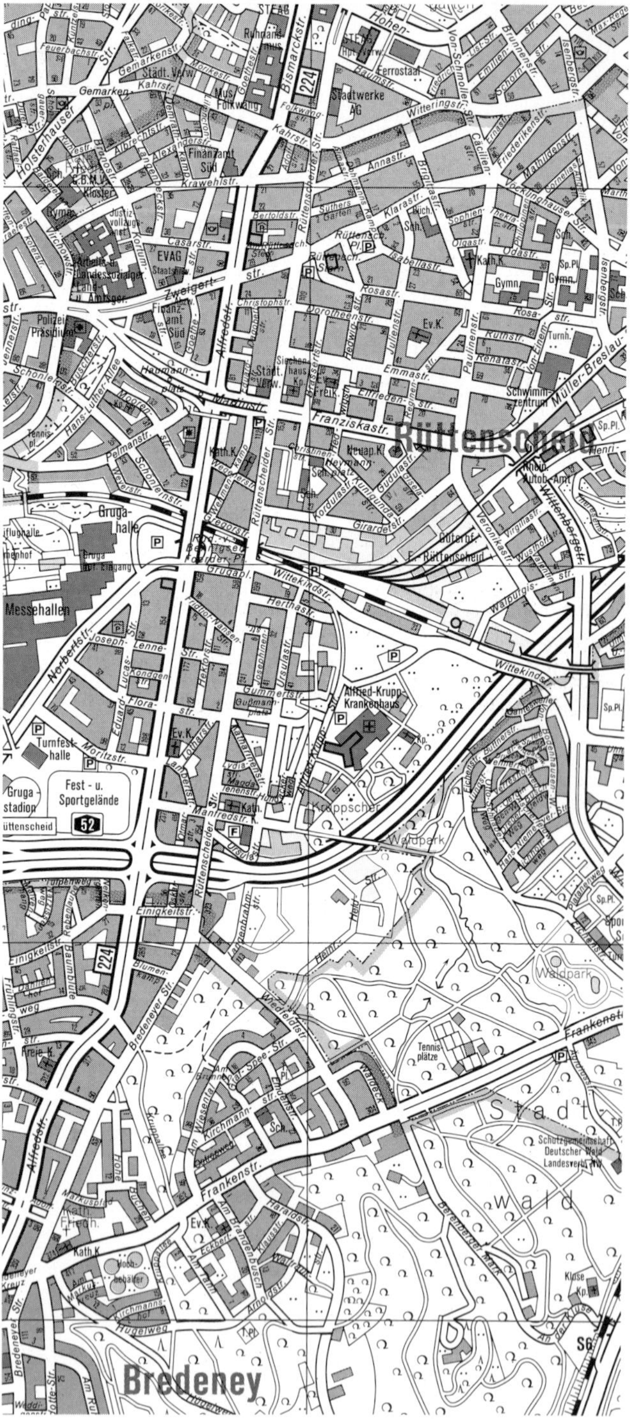

Rüttenscheid
Bredeney
Messehallen
Gruga-halle
Gruga-stadion
Fest- u. Sportgelände
Turnfest-halle
Alfried-Krupp-Krankenhaus
Kruppscher Waldpark
Waldpark
Stadtwald
Tennisplätze
Schutzgemeinschaft Deutscher Wald Landesverb. NW
Hochbehälter
Stadtwerke AG
Ferrostaal
Finanzamt Süd
Polizei Präsidium
EVAG
Städt. Verw.
Mus. Folkwang
Schwimmzentrum
Rhein. Autob.-Amt
Güterbf.
E. Rüttenscheid
Bismarckstr.
Rüttenscheider Str.
Alfredstr.
Frankenstr.
Wittekindstr.
Zweigertstr.
Franziskastr.
Emmastr.
Rosastr.
Klarastr.
Annastr.
Kahrstr.
Gemarkenstr.
Witteringstr.
Norbertstr.
Moritzstr.
Bredeneyer Str.
Wiedfeldtstr.
Manfredstr.
Girardetstr.
Walpurgisstr.
Holsterhauser Str.
Krawehlstr.
Hügelweg
224
52
S6

Das „Traumhaus“ des „Stahlbaron“: Villa Hügel im Morgengrauen

Bredeney Rüttenscheid

Die bereits im 9. Jahrhundert erwähnte Siedlung „Bredanaia“, was soviel bedeutet wie „breite Aue“, ist eine der ältesten Siedlungen im Essener Raum. Schon 1317 erhielt Bredeney das Marktrecht, gehörte im 19. Jahrhundert zur Bürgermeisterei Kettwig und wurde schließlich 1915 nach Essen eingemeindet. Bredeney gilt gemeinhin als eine der vornehmsten Wohngegenden der Stadt, spätestens seit sich die Familie Krupp in diesem Stadtteil niederließ.
Rüttenscheid wurde erstmals im 12. Jahrhundert erwähnt und gehört seit 1905 zu Essen. Es ist einer der schönsten Essener Stadtteile und die Rüttenscheider Straße – im Volksmund kurz „die Rü“ genannt – gilt als eine der besten Einkaufsstraßen Essens und macht der „City“ Konkurrenz.

Villa Hügel

Tel: 188-4823
Öffnungszeiten: Di.-So. 10-18 Uhr,
Park: tägl. 8-20 Uhr
Sonderausstellungen: tägl. 10-19,
Di. bis 21 Uhr

ÖPNV: S6 bis Essen-Hügel
P: S-Bahnhof oder Parkplatz vor dem „kleinen Haus"

In den Jahren 1870 bis 1873 ließ sich Alfred Krupp nach seinen Plänen ein Wohnhaus errichten, das – wie er es formulierte – „dem Comfort der kleinen Häuslichkeit dienen sollte, aber auch großer Gesellschaft mit ersten Ansprüchen". Beidem diente die „Villa Hügel" rund 70 Jahre lang – bis 1945. Die Architektur ist stark zweckbestimmt: die Fassade ist an klassizistische Vorbilder angelehnt, im Innern findet man viele Stilrichtungen nebeneinander. Deutlich wird das Bemühen des Großbürgers, fürstlichen Bauherren nachzueifern: Zwar ist das Äußere der Villa verhältnismäßig nüchtern gestaltet, doch ist die Bezeichnung „Wohnhaus" (Krupp ließ die Villa gar als „Einfamilienhaus" eintragen) abwegig.
Interessant ist das Ensemble aus zwei Häusern mit einer Galerie als Verbindung, wobei das kleinere Haus das Abbild des großen ist.
Für den herrlichen Park, der die Villa umgibt, ließ Krupp zum Teil ausgewachsene Bäume umpflanzen, da er den Wald „noch bei Lebzeiten genießen" wollte. Seine Nachfolger sorgten vor allem für die Anpflanzung exotischer oder seltener Bäume, z.B. Libanonzedern, Mammutbäume, Schwarzkiefern.
Ab 1953 wurde mit einer ersten Ausstellung der breiten Öffentlichkeit der Zutritt gewährt, seit 1984 ist die Villa Hügel Sitz der „Kulturstiftung Ruhr", die ein „Ableger" der Alfried Krupp von Bohlen und Halbach-Stiftung ist. Diese Stiftung, der Alfried Krupp von Bohlen und Halbach seinen gesamten Besitz vermacht hat, hat ihren Sitz im Gästehaus der Villa, gegenüber dem „kleinen Haus".
Heute dient die gesamte Villa als Ausstellungsgebäude: Das „kleine Haus" beherbergt eine Ausstellung über Familie und Firma Krupp, im

Das neue Messehaus

„großen Haus" finden Kunstausstellungen und Konzerte statt.
Ein Besuch der Villa lohnt sich jedoch auch dann, wenn gerade keine große Ausstellung stattfindet. Die Räume des großen Hauses sind schon wegen ihrer Einrichtung und der berühmten Sammlung wertvoller Gobelins aus dem 16.-18. Jahrhundert sehenswert und der Park mit seinen seltenen Pflanzen eignet sich für schöne Spaziergänge.

Messe Essen

Messehaus Ost, Norbertstraße
Tel: 72 44-0
ÖPNV: U11 bis Messe/Gruga
P.: 8.000 Parkplätze in der Nähe der Messe, teils mit Zubringern, bei großen Messen Beschilderung im Stadtgebiet beachten

Seit 1913 besteht das Essener Messegelände und expandiert seitdem ständig. In 18 Hallen stehen 90.000 qm Ausstellungsfläche für die verschiedensten Messen zur Verfügung. Rund 30 Fach- und Publikumsausstellungen ziehen jährlich rund zwei Millionen Besucher an. Die wichtigsten regelmäßigen Messen sind:
„Deubau" – int. Baufachmesse, alle 2 Jahre
„Sanitär Heizung Klima" – Fachausstellung, alle 2 Jahre
„IPM" – int. Fachmesse für Gartenbau und Floristik, jährlich
„Camping + Touristik" – Publikumsmesse, jährlich
„Equitana" – int. Pferdesportmesse, alle 2 Jahre
„Briefmarken" – int. Fachmesse, alle 2 Jahre
„Holz & Kunststoff" – Fachmesse, alle 2 Jahre
„Reifen" – **i**nt. Fachmesse, alle 2 Jahre
„Entsorga" – int. Fachmesse f. Entsorgung, alle 3 Jahre
„Schweißen & Schneiden" – int. Fachmesse, alle 4 Jahre

Typisch Gruga-Park: Margarethensee, Grugabahn und Grugaturm

„Security" – int. Sicherheits-Fachmesse, alle 2 Jahre
„IKK" – int. Fachmesse Kälte – Klimatechnik, alle 2 Jahre
„Spiel" – int. Spieltage, Publikumsmesse, jährlich
„Mode. Heim. Handwerk" – Verbraucher-Ausstellung, jährlich
„Antiquitäten" – int. Publikumsausstellung, jährlich
„Motor-Show" – Publikumsmesse, jährlich

Gruga-Park

ÖPNV: U11 bis Messe/Gruga
P: An der Messe, P1, P2; während großer Messen wird die Benutzung von öffentlichen Verkehrsmitteln empfohlen.

Seit 1929 ein Erholungspark für die Essener ist dieses – inzwischen 70 Hektar große – Arrangement unterschiedlichster Pflanzen und Landschaftsgestaltungen, dessen ursprünglicher Name „Große Ruhrländische Gartenbau-Ausstellung" lautet, längst nur noch in seiner Kurzform bekannt: GRUGA.
Doch nicht nur die Essener lieben „ihre" Gruga, für jeden Besucher gehört das grüne Herz der Stadt zum Pflichtprogramm und mancher gestreßte Messebesucher oder -aussteller gönnt sich hier ein ruhiges Stündchen. Sei es nun im lauschigen Rhododendrontal, in der berühmten „Dahlien-Arena" oder in dem neuen Alpinum mit über 500 verschiedenen Gebirgspflanzen. Zu erwähnen sind außerdem die begehbare Freiflugvoliere, die Spezialgärten und das Tropenhaus. In den Spezialgärten werden bestimmte Bereiche der Gartenbaukunst vorgestellt, z.B. der westfälische Bauerngarten, der Mittelmeergarten oder der „Garten der Sinne", wo neben dem Auge auch die anderen Sinne (Fühlen, Riechen, Schmecken) nicht zu kurz kommen. Empfehlenswert

ist es, sich zunächst einmal einen Überblick durch eine Fahrt mit der Grugabahn zu verschaffen, die von Ende April bis Ende September zwischen 10 und 18 Uhr zwanzigminütige Rundfahrten durch den Park anbietet (mit Informationen). Abfahrt ab Grugabahnhof (am Haupteingang) oder Grugabad.
Das Grugabad (mit Wellenbad) liegt im südlichen Teil des Parks. Hier gibt es außerdem Sportanlagen, Liege- und Spielwiesen, eine Pony- und eine Rollschuhbahn.

Grugahalle

ÖPNV: U11 bis Messe/Gruga
P.: An der Messe, P1, P2

Den Fundamenten einer Messehalle aus den 20er Jahren, auf denen sie erbaut wurde, verdankt die Grugahalle ihre charakteristische Schmetterlings-Form: die „Flügel" boten mehr Raum für Besucher, als es auf der Grundfläche sonst möglich gewesen wäre.
Am 25.10.1958 wurde die mit 8.000 Zuschauerplätzen größte Halle des Ruhrgebiets, abgesehen von der Dortmunder Westfalenhalle, mit einer Sportveranstaltung eingeweiht. Drei Tage später trat das Rockidol Bill Haley in der neuen Halle auf. Seither bestimmen diese beiden Pole, Sport und Musik bzw. Show, das Geschehen in der Grugahalle, die durch 17 „Rockpalast"-Nächte sogar weltberühmt wurde. Vom 3.10. – 6.10.1986 fand hier das erste Davis-Cup-Spiel auf Essener Boden gegen Ecuador statt, das Deutschland mit Boris Becker glatt gewann. Der Handballbundesligist TUSEM Essen trägt in dieser Halle seine Heimspiele aus.

Altenhof I (Gußmannplatz) und II (Wittenbergstr.)

ÖPNV: U11 Florastraße, ab dort Bus 152/142 Wittenbergstr.

Die Fürsorge der Krupps für ihre Arbeiter ist ja beinahe schon sprichwörtlich. So kann man am Gußmannplatz einige der noch erhaltenen Häuser des vor 1900 erbauten Altenhofs I, einer Siedlung für pensionierte „Kruppianer", besichtigen. Außerdem stehen am Gußmannplatz zwei Bronzeplastiken, die typische Arbeiter der Stahlindustrie darstellen („Der Puddler"

Eingang zum Grugapark und zur Grugahalle

und „Der Gießer"). Zwischen 1907 und 1913 wurde der noch vollständig erhaltene Altenhof II an der Wittenbergstraße gegenüber dem Uhlenkrug errichtet. Die Konzeption der Gartenstadt wurde in dieser Siedlung schon ziemlich weit durchgeführt.

Wildgehege Heissiwald

ÖPNV: S6 E.-Werden
P: Weg zur Platte oder S-Bf E.-Werden

„Heissi" ist das Althochdeutsche Wort für „Buche", so kam der 1935 angelegte Mischwald zu diesem kuriosen Namen. Vom Werdener S-Bahnhof führt ein Wanderweg (Raute) zunächst auf den Aussichtspunkt Platte, von wo aus man einen schönen Überblick über das Ruhrtal, den Baldeneysee und Werden hat. Schließlich gelangt man zum Wildgehege, das seit 1962 Hirsche, Rehe und Wildschweine beherbergt, die früher zum natürlichen Wildbestand dieser Gegend gehörten.

Rüttenscheider Str. Siechenkapelle/ St. Andreaskirche

ÖPNV: U11 Rüttenscheider Stern
P: Parkhaus Rüttenscheider Stern

Die Rüttenscheider Straße, von den Essenern in Anlehnung an die „Kö" in Düsseldorf auch „Rü" genannt, zählt zu den bekanntesten Einkaufsstraßen in Essen. In unmittelbarer Nähe des Rüttenscheider Sterns liegt etwas versteckt die kleine „Siechenkapelle" aus dem 15. Jahrhundert. Damals gehörte sie zu einem Leprahaus („Siechenhaus") und diente später bis ins 19. Jahrhundert als Pfarrkirche. Heute finden hier wieder regelmäßig Gottesdienste statt.
Vom Rüttenscheider Stern aus gelangt man über den Rüttenscheider Platz und die Isabellastraße zur katholischen Pfarrkirche St. Andreas. Diese Kirche wurde 1954-1957 nach Plänen des bekannten Architekten Rudolf Schwarz erbaut und weist in der Raumlösung große Ähnlichkeit mit St. Michael in Frankfurt am Main auf.

Girardet -Haus

Girardetstr. 2-38
ÖNV: U11 Martinstraße
Auf dem Grundstück der ehemaligen Girardet-Druckerei entstand nach dreijähriger Bauzeit eine 1993 eröffnete Kultur-, Begegnungs- und Einkaufsstätte, die sich in kurzer Zeit etablieren konnte. Neben Cafes und Restaurants ist das Satiricon (Kleinkunstbühne und Jazz „In-Treff") der Grund, warum viele Essener den Weg in die Girardetstraße finden.

Galerien

Duo – Glas und Bilder
Rüttenscheider-Str. 210, Tel. 412755, Öffnungszeiten: Mo-Fr 10-13 Uhr u. 15-18 Uhr, Sa 10-13 Uhr. Glas, Aquarelle, Radierungen und Ölbilder internationaler Künstler.

Essener Glasgalerie
Annastr. 74, Tel. 773612, Öffnungszeiten: Mo-Fr 8-13 Uhr u. 14-18 Uhr, 1. Sa im Monat 10-15 Uhr. Exklusive Glasobjekte internationaler Künstler.

Galerie 25
Eduard-Lukas-Str. 25, Tel. 410616, Öffnungszeiten: Fr 17-20 Uhr, Sa 15-18 Uhr, So 11-13 Uhr. Malerei, Graphiken und Plastiken.

Galerie KK Klaus Kiefer
Rüttenscheider Str. 73, Tel. 788266, Öffnungszeiten: Di-Fr 11-18.30 Uhr, Sa 10-14 Uhr.
Bilder bekannter internationaler Künstler.

Rüttenscheider Stern: die „kleine City"

Galerie Kosmos

Franziskastr. 2, Tel. 771329, Öffnungszeiten: Di-Fr 15-18.30 Uhr, Sa 11-14 Uhr u. nach Vereinbarung. Bilder u.a. von Rothensee, Spiess.

Galerie Moderack

Rüttenscheider Str. 52, Tel. 773673, Öffnungszeiten: Mo-Fr 9.30-18 Uhr, Sa 9.30-13 Uhr. Gemälde, Graphiken, Porzellan, Silber und Glas.

Gastronomie

Restaurants

Baldeneyer Fähre
Freiherr-vom-Stein-Str. 386 c, Tel. 442163, Öffnungszeiten: Tgl. 12-1 Uhr. Spezialitäten nach Saison. Im Sommer große Terrasse zum See. Gemischtes Publikum, tagsüber ältere, abends mehr junge Leute.

Blau
Wittekindstr. 1, Tel. 471828, Öffnungszeiten: Tgl. 18-1 Uhr. Gute französische Küche, erlesene Weinkarte.

Bei Charlie
Hedwigstr. 7 (im Hotel Medaillon), Tel. 773417, Öffnungszeiten: Mo-Fr 11-24 Uhr, Sa 11-18 Uhr, So ab 18.30 Uhr. Spezialität: Rumpsteak. Wöchentlich wechselnde Speisekarte. Gemütliches Restaurant.

Die Eule
Klarastr. 68 (im Hotel Dörnemann), Tel. 776462, Öffnungszeiten: Mo-Fr 16.30-1 Uhr, Sa 12-18 Uhr und 21-2 Uhr, Sonntag Ruhetag. Gutbürgerliche Küche in netter Atmosphäre. Samstag morgens Frühschoppen.

Die schwarze Lene
Baldeney 38, Tel. 442351, Öffnungszeiten: Mo-Do 10.30-22 Uhr, Sa 10-22 Uhr. Hübsche Einrich-

tung, im Sommer Cafeterrasse. Spezialität: Reibekuchen, Lachs, Gänsebrust.

Dimitrios
Klarastr. 70, Tel. 776158, Öffnungszeiten: Mo-Sa 17-1 Uhr, So 12-15 Uhr, 17-1 Uhr. Tischreservierung empfohlen. Griechische und internationale Gerichte der mittleren Preisklasse. Spezialität: Wild, Fisch.

El Flamenco
Annastr. 19, Tel. 770324, Öffnungszeiten: Tgl. 18-24 Uhr. Rustikales, spanisches Spezialitätenrestaurant. Empfehlenswerte Küche, gehobenes Preisniveau. Am Wochenende Flamenco-Shows.

Emile
Emilienstr. 2, Tel. 791318, Öffnungszeiten: Tgl. 12-1 Uhr. Tischreservierung empfohlen. Italienische und französische Küche. Spezialität: Fisch.

Karawane
Rellinghauser Str. 157, Tel. 235497, Öffnungszeiten: Tgl. 16-1 Uhr. Bestes arabisches Restaurant.

Kartoffelhaus
Frankenstr. 423, Tel. 410271, Öffnungszeiten: Tgl. 18-24 Uhr. Spezialitätenrestaurant, mittlere Preisklasse. Spezialität: Selbstverständlich alles, was mit Kartoffeln zu tun hat.

La Cucina
Rüttenscheider Str. 286, Tel. 423038, Öffnungszeiten: Tgl. 12-15 Uhr, 17.30-24 Uhr. Italienische und internationale Küche. Spezialität: Lamm.

Leonardo
Zweigerstr. 55, Tel. 776630, Öffnungszeiten: So-Fr 8.30-23 Uhr, Sa 9.30-23 Uhr. Ein Konglomerat aus Restaurant, Cafe und Bistro, ungezwungener Service, gutes Essen.

Sala Dolores
Alfredstr. 56, Tel. 770011, Öffnungszeiten: Tgl. 17-0.45 Uhr. Stilechtes mexikanisches Restaurant mit sympathischen Preisen.

Schote
Emmastr. 25, Tel. 780107, Öffnungszeiten: Di-Sa 12-1 Uhr. Neue französische Küche, Portionen zum Sattessen. Spezialität: Überraschungsmenue mit 5 Gängen.

Taverne
Rüttenscheider Str. 22, Tel. 776360, Öffnungszeiten: Mo-Fr 12-14.30 Uhr, 18-23 Uhr, Sa/So 18-23 Uhr. Gemütliche Pizzeria. Spezialität: Entrecote a la Taverne.

Trüffel
Wehmenkamp 3, Tel. 721110, Öffnungszeiten: Mo-Sa 11.30-15.30 Uhr und 17.30-1 Uhr. Sonntag Ruhetag. Nobelrestaurant im Zeitgeist, protziges Ambiente, gute Küche. Spezialität: Millefeuille mit gebratenen Kalbsbries-Scheiben.

Walliser Stuben
Rüttenscheiderstr. 149 (im Hotel Arosa), Tel. 72280, Öffnungszeiten: Mo-Fr 12-14.30 Uhr, 18-22 Uhr, Sa 18-22 Uhr, So 12-14.30 Uhr, 18-22 Uhr. Frühstück 6.30-10.30 Uhr, sonntags Brunch 11-14 Uhr. Gehobenes Preisniveau, stilvolle Einrichtung.

Zodiac
Witteringstr. 41, Tel. 721472, Öffnungszeiten: Fr-Mi 18-24 Uhr. Donnerstag Ruhetag. Tischreservierung empfohlen. Internationale vegetarische Küche aus biologischem Anbau.

Zur Platte
Weg zur Platte 73, Tel. 491237, Öffnungszeiten: Di-So 10-23 Uhr. Montag Ruhetag. Tischreservierung empfohlen. Gutbürgerliche und französische Küche der gehobenen Preisklasse in malerischer Landschaft über dem Baldeneysee.

Kneipen

Antiko
Rellinghauser Str. 69, Tel. 451028, Öffnungszeiten: Tgl. 19-4 Uhr. Unter Holzstreben kann man bis 3 Uhr ordentlich speisen

Bahnhof Süd
Rellinghauserstr. 175, Tel. 236575, Öffnungszeiten: So-Do 10-1 Uhr, Fr, Sa 10-3 Uhr. Laute Szenekneipe in altem Bahnhof, sogar mit Nichtraucherteil, im Sommer kleiner Biergarten. Häufig Veranstaltungen am Wochenende. Das Publikum besteht hauptsächlich aus Studenten/innen.

Chamäleon
Girardetstr. 2-38 (im Girardet-Haus), Tel. 797771/2, Öffnungszeiten: Tgl. 7-1 Uhr, bei Konzerten bis 4 Uhr. Dem Namen entsprechend ändert die Kneipe ständig ihr Aussehen, im hinteren Teil befindet sich eine tropische Cocktailbar, Do und Sa vielfältiges Liveprogramm.

Chat Noir
Brigittastr. 22, Tel. 792951, Öffnungszeiten: Tgl. 19-1 Uhr. Gemütliches Weinlokal, romantische Atmosphäre mit Holztischen und Kerzen. Hauptsächlich französische Weine zu zivilen Preisen.

Copacabana Inn
Franziskastr. 13, Tel. 721921, Öffnungszeiten: 20-1 Uhr. Brasilianisches Flair und interessante Cocktails.

Foyer
Rellinghauser Str. 117, Tel. 236942, Öffnungszeiten: Di-Do 19-24 Uhr, Fr u. Sa 19-1 Uhr, So 18-23 Uhr. Normale Kneipe ohne jeden Schnickschnack.

Jagdhaus Schellenberg
Heisingerstr. 170 a, Tel. 443848, Öffnungszeiten: Tgl. 12-1 Uhr. Wunderschöner Biergarten mit Blick auf den Baldeneysee.

Kokille
Rüttenscheider Str. 134, Tel. 775599, Öffnungszeiten: Di-Do 11-1 Uhr, Fr 11-4 Uhr, Sa, So 18-1 Uhr. „Die" Kneipe des Rüttenscheiders. Gute Küche, reichhaltige Getränkekarte.

Korova Milchbar
Alfredstr. 41-43, Tel. 798224, Öffnungszeiten: Tgl. 12-18 Uhr (Cafe) und 21-1 Uhr, Fr u. Sa 21.30-4 Uhr.

Zum Brenner
Hedwigstr. 37, Tel. 784246, Öffnungszeiten: Mo-Do 16-1 Uhr, Fr u. Sa 16-3 Uhr. Hier trifft man sich schon seit 90 Jahren und ißt Muschelgerichte.

Sommervergnügen der Essener: das Gruga Bad

Cafes

Cafe Click
Beethovenstr. 1, Tel. 232862, Öffnungszeiten: Mo-Fr 16-1 Uhr, Sa, So 11-1 Uhr, Frühstückszeiten 11-14 Uhr. Moderne Einrichtung, regelmäßige Ausstellungen junger Künstler. Treffpunkt des Szenepublikums, Motto „sehen um gesehen zu werden".

Cafe Cult
Girardetstr. 2-38 (im Girardet-Haus), Tel. 774050, Öffnungszeiten: Tgl. 9-1 Uhr. Ob dieses neue Cafe eine Kultstätte wird, ist noch nicht vorherzusagen.

Mörchens
Rüttenscheider Str. 202, Tel. 422538, Öffnungszeiten: Tgl. 10-24 Uhr. Nach Meinung vieler Genußexperten wird hier das beste Eis Essens gemacht.

Mondrian
Rüttenscheider Str. 113, Tel. 780178, Öffnungszeiten: Mo-Sa, 10-1 Uhr, So 14.30-1 Uhr. In-Cafe der Möchtegern-Rüttenscheider.

Discos

Haus Mühlmann
Girardetstr. 84, Tel. 798430, Öffnungszeiten: Mo-Do 20-1 Uhr, Fr-So 20-4 Uhr. Gelungene Mischung aus Kneipe und Disco. Musik gemischt, Publikum gemischt.

Rote Liebe
Girardet-Str. (im Girardet-Haus), Tel. 798213. Gut besuchte Szene-Disco mit wechselnden DJs.

TC Tanzcafe
Rüttenscheider Stern 3, Tel. 774415, Öffnungszeiten: Mi, Fr, Sa 22-5 Uhr. Alle Musikrichtungen, Szenepublikum.

Hotels

An der Gruga
Eduard-Lucas-Str. 17, Tel. 41910. Mittlere Preislage, 50 Betten.

Arosa
Rüttenscheider Str. 149, Tel. 72280. Gehobene Preislage, 85 Betten.

Jung
Wehmenkamp 1, Tel. 793033. Mittlere Preislage, 52 Betten.

Parkhaus Hügel
Freiherr-v.-Stein-Str. 209, Tel. 471091. Mittlere Preislage, 20 Betten.

Rheinischer Hof
Hedwigstr. 11, Tel. 781074. Preisgünstig, 52 Betten.

Scandic Crown
Theodor-Althoff-Str. 5, Tel. 769-0. Gehobene Preislage, 520 Betten.

Hotel Waldhaus Langenbrahm
Wiedfeldtstr. 23, Tel. 4504-0. Gehobene Preislage, 56 Betten.

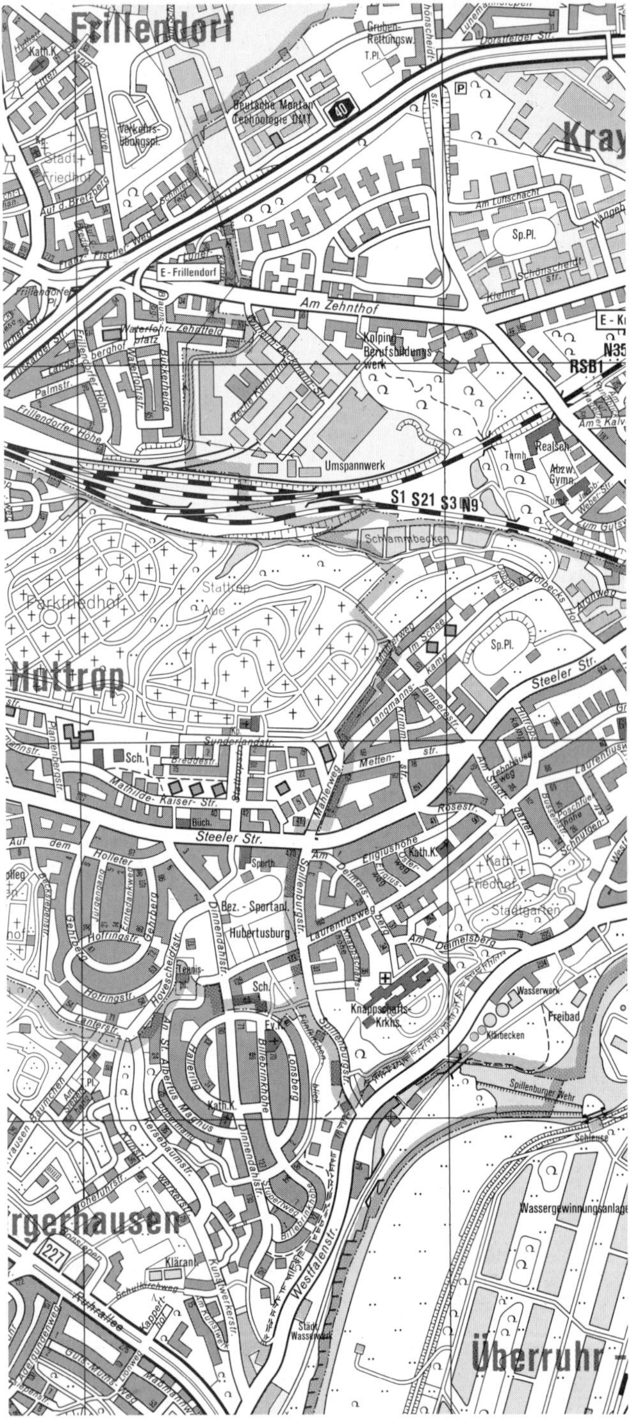
Frillendorf
Kray
Huttrop
Überruhr
rgerhausen
Gruben-Rettungsw.
T.Pl.
Deutsche Montan Technologie DMT
40
Verkehrs-übungspl.
Städt. Friedhof
Kath.K.
Auf d. Breiberg
Franz-Fischer-Weg
E - Frillendorf
Am Zehnthof
Frillendorfer Pl.
Waterfohr-platz
Zehntfeld
Bückerheide
Palmstr.
Frillendorfer Höhe
Kolping Berufsbildungswerk
Umspannwerk
Am Luftschacht
Sp.Pl.
Schönscheidtstr.
Dorstfelder Str.
N35
RSB1
Realsch.
Turnh.
Abzw. Gymn.
S1 S21 S3 N9
Schlammbecken
Parkfriedhof
Stattrop Aue
Mahlerweg
Steeler Str.
Sunderlandstr.
Sch.
Breddestr.
Mathilde-Kaiser-Str.
Büch.
Plantenbergstr.
Langmannskamp
Mettenstr.
Rosestr.
Laurentiusweg
Kath.K.
Kath. Friedhof
Stadtgarten
Spillenburgstr.
Bez.-Sportanl.
Hubertusburg
Dinnendahlstr.
Holleter
Hofringstr.
Hoveschridtstr.
Tennis-
Ev.K.
Knappschafts-Krkhs.
Wasserwerk
Freibad
Klärbecken
Spillenburger Wehr
Schleuse
Wassergewinnungsanlage
Lonsberg
Kath.K.
St.-Albertus-Magnus
Westfalenstr.
227
Kläranl.
Ruhrallee
Städt. Wasserwerk

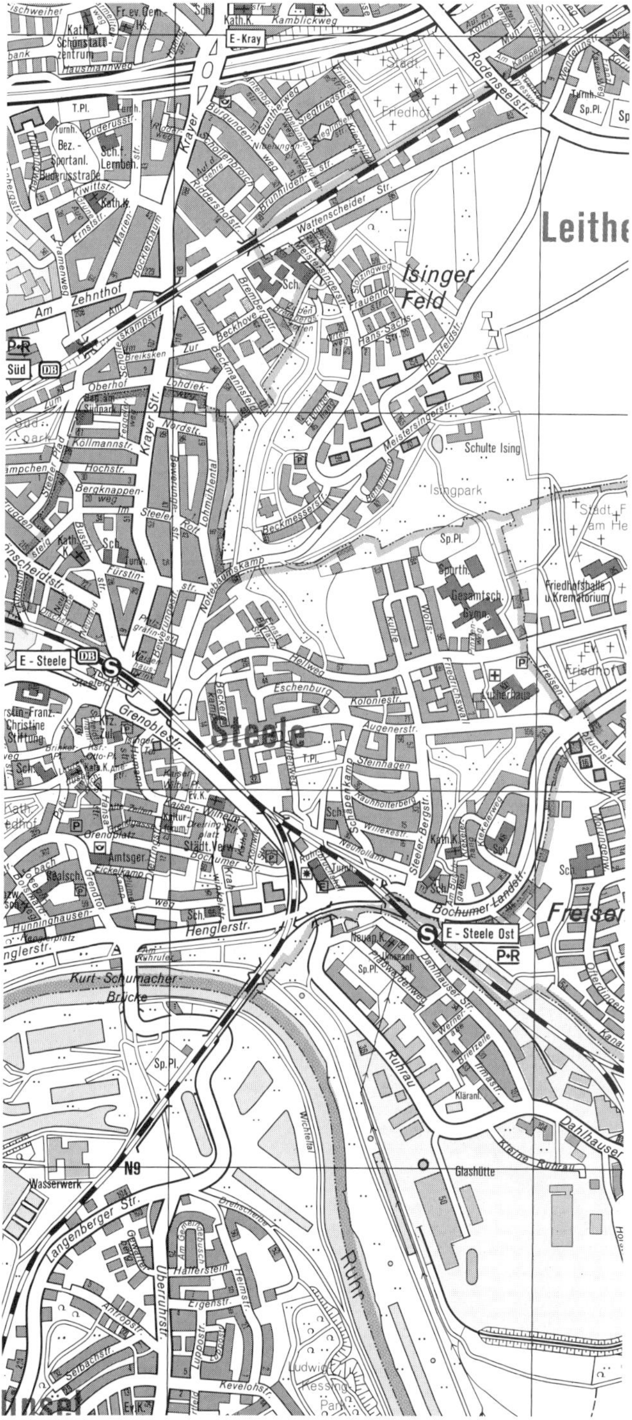
Leithe
Isinger Feld
Steele
E - Kray
E - Steele
E - Steele Ost
Süd
Schulte Ising
Isingpark
Friedhof
Friedhofshalle u. Krematorium
Lutherhaus
Gesamtsch.
Gymn.
Kath. K.
Sch.
Sp.Pl.
T.Pl.
Wattenscheider Str.
Krayer Str.
Rodenseelstr.
Am Zehnthof
Hochfeldstr.
Meistersingerstr.
Beckmesserstr.
Nottebaumskamp
Hellweg
Eschenburg
Koloniestr.
Friedrichswall
Augenerstr.
Steinhagen
Grenoblestr.
Bochumer Str.
Bochumer Landstr.
Henglerstr.
Kurt-Schumacher-Brücke
Dahlhauser Str.
Ruhrau
Ruhr
Wichteltal
Glashütte
Kläranl.
Wasserwerk
Langenberger Str.
Überruhrstr.
Amtsger.
Grendplatz
Realsch.
Städt. Verw.
Kaiser-Wilhelm-Str.
Buderusstr.
Bez.-Sportanl.
Sch. f. Lernbeh.
Kiwittstr.
Ernststr.
Hunninghausen
Neuap. K.
Freisen
Ludwig-Kessing-Park
Kevelohstr.
Selbachstr.
Luppostr.
Eigenstr.
N9
Ev. K.

Fürstin-Franziska-Christine-Stiftung

Steele/Kray

(Huttrop, Leithe, Freisenbruch, Frillendorf, Horst)

Im Jahre 938 hielt der junge König Otto I., der später „der Große" genannt werden sollte, Hoftag „auf dem Steele", wo er über den aufständischen Herzog Eberhard von Franken Gericht führte. Der Besitz des Königs, der Oberhof Eickenscheidt, zu dem Steele damals gehörte, war bereits 840 erwähnt worden. Wahrscheinlich befand sich an dieser Stelle eine alte germanische Dingstätte (Versammlungsort), was den König dazu bewog, in Steele den Hoftag abzuhalten. Der Name „Steele" stammt wahrscheinlich von den Ripuarern, die schon im 5./6. Jahrhundert hier siedelten und in deren Sprache „stehal" soviel wie „abschüssig, steil" bedeutete.

Im 10. Jahrhundert wurden Leithe („Leaturnia" = „lichter Bach") und Kray („Creia" = „Krähenbach") erwähnt. Freisenbruch ist seit 1050 überliefert, Frillendorf seit 1220 und Huttrop, was entweder „Strauchdorf" oder „Hüttendorf" bedeutet, seit 1319.

Während Huttrop schon 1908 nach Essen eingemeindet wurde, gehören Steele, Freisenbruch, Horst, Kray und Leithe erst seit 1929 zur Stadt.

Fürst Pückler schrieb noch 1826: „Die Gegenden, durch die mein Weg führte, gehörten einer anmutigen und sanften Natur an, besonders bei Stehlen an der Ruhr..." Dann kam die „industrielle Revolution", die in der zweiten Hälfte des

19. Jahrhunderts Steele besonders stark prägte. Heute sind die großen Werke in Kray und Frillendorf angesiedelt, und der Steinkohlenbergbau ist in Steele schon längst Geschichte. Der wohl bekannteste Sohn der damaligen Stadt Steele war der 1839 dort geborene spätere Archäologe Carl Humann, der den berühmten Pergamon-Altar, der heute in Berlin zu sehen ist, entdeckte und ausgrub.

Steele-Zentrum

ÖPNV: S1/S3/N9 E-Steele
P: Parkhäuser Grenoblestraße

Obwohl in Steele wie auch in anderen Stadtteilen vieles, was den Krieg überstanden hat, der Sanierungswut der 60er Jahre zum Opfer fiel, kann die letzte Neugestaltung des Steeler Zentrums als gelungen bezeichnet werden: Nach dem Vorbild der Innenstadt wurden auch hier die Autos verbannt, so daß eine schöne Fußgängerzone entstand. Eine Plastik auf dem Kaiser-Otto-Platz, die zwei Bergleute in der „Waschkaue" (dem Waschraum der Bergarbeiter) zeigt, erinnert an die Bergbautradition Steeles. Bemerkenswert sind außerdem die erhaltenen gründerzeitlichen Häuser am Grendplatz.

Fürstin-Franziska-Christine-Stiftung

Steeler Straße

1763 entschloß sich die vorletzte Essener Fürstäbtissin zur Gründung eines Waisenhauses für „Kinder von braven katholischen Eltern". Die Stiftung besteht noch heute und mit ihr hat auch der prächtige Barockbau des Waisenhauses, der immer noch diesem Zweck dient, die Stürme der Zeit unbeschadet überstanden. Vor und nach dem Sonntagsgottesdienst oder in Absprache mit der Verwaltung (Tel: 515004) ist es möglich, das bedeutendste Denkmal des Barock auf Essener Boden zu besichtigen: Besonders die Kirche mit ihrer Barock/Rokoko-Ausstattung und den prachtvollen Schnitzereien ist sehenswert.

Museum für Aktionskunst

Im Steeler Rott 28
Tel:591944
Öffnung und kostenlose Führungen nach Vereinbarung

Obwohl Aktionskunst eigentlich nicht ausgestellt werden kann, macht der Aktions- und Objektkünstler HA Schult in diesem weltweit einzigartigen Museum den Versuch, Aktionskunst wenigstens zu dokumentieren. Der Besucher hat die Möglichkeit Schults Auffassung der „Einheit von Kunst und Leben" kennenzulernen.

Laurentiuskirche und -hospital

Laurentiusberg/Laurentiusweg
(oberhalb der Steeler City)

Die dreischiffige neogotische Laurentiuskirche mit Oktogon wurde von 1871 bis 1873 anstelle eines spätromanischen Baus aus dem 14. Jahrhundert errichtet. Sehenswert sind der Flügelaltar sowie die reichbebilderten bronzenen Kirchentüren.
Unweit der Kirche, am alten Friedhof, liegt das ehemalige Laurentiushospital, in dem sich heute ein Altenheim befindet. Der reichverzierte neogotische Bau entstand ebenfalls in der zweiten Hälfte des 19. Jahrhunderts.

Alter Wasserturm

Laurentiusweg 83

Steeles alter Wasserturm aus dem vorigen Jahrhundert konnte vor dem Abriß bewahrt werden. Nach umfangreichen Umbauarbeiten beherbergt dieses Baudenkmal am Stadtgarten heute eine Galerie (Tel: 510031) und ein Architekturbüro.

Haus Horst/ Foto-Museum/Vryburg/ Freikorps-Gedenkstätte

Steele-Horst
ÖPNV: S1/S3/N9 E-Steele, Bus 184 Carl-Wolf-Straße

In die ehemalige Raubritterburg aus dem 12. Jahrhundert, von der nur noch ein Turmstumpf und einige Mauerreste zu sehen sind, wurde im 17. Jahrhundert ein Herrenhaus hineingebaut.
Heute beherbergt dieses sorgfältig restaurierte Haus eine der umfangreichsten und wertvollsten Kamera-Sammlungen Deutschlands. Der Sammler Hans-Dieter Abring versteht es, den Fachmann ebenso wie den Laien auf diesem Gebiet zu faszinieren. Die Geschichte der Fotographie läßt sich hier annähernd lückenlos nachvollziehen und -erleben.
Öffnungszeiten und Führungen nach telefonischer Vereinbarung, Tel: 538590 oder 02325/75047.
Haus Horst unmittelbar vorgelagert sind noch Wälle und Gräben der sogenannten „Vryburg“, einer Befestigungsanlage aus dem 7./8. Jahrhundert, zu erkennen. Bis zum Ende des 8. Jahrhunderts (Kriege Karls des Großen gegen die Sachsen, 772-804) verlief hier die Ostgrenze des Frankenreiches. Wahrscheinlich gehörte auch eine Burg in Burgaltendorf auf der anderen Seite der Ruhr zu diesem Befestigungssystem.
Oberhalb dieser alten Grenzbefestigung wurde in den 30er Jahren unseres Jahrhunderts eine Gedenkstätte für die Mitglieder der Freikorps, die 1920 während der Arbeiteraufstände umkamen, errichtet. Der Ring von gedeckten Steinsäulen soll an germanische Kultstätten wie Stonehenge erinnern.

Zeche Bonifacius

Rotthauser Str./Bonifaciusstr.
ÖPNV: N20 E-Kray Nord

Die Krayer Zeche Bonifacius 1/2 wurde – neben „Zollverein“ und „Carl“ – als erhaltenswertes Industriedenkmal eingestuft. Der 1899 errichtete Bau, in dem Betriebsbüro, Lohnhalle und Waschkaue untergebracht waren, ist den ostelbischen Ordensritterburgen nachempfunden worden.

Galerien

Galerie am Kunstturm
Laurentiusweg 83, Tel. 510031, Öffnungszeiten: Di-Fr 11-18.30 Uhr, Sa 11-14 Uhr u. nach Vereinbarung. Zeitgenössische Kunst u.a. von Fuchs Horst.

Gastronomie

Restaurants

Belle Epoque
Graffweg 1, Tel. 517238, Öffnungszeiten: Di-So 9-22 Uhr. Montag Ruhetag. Küche ab 11.30 Uhr. Gutes Frühstück bis 11.30 Uhr. Tischreservierung ab 19.30 Uhr nötig (30 Sitzplätze). Vegetarische und Vollwertgerichte. Spezialität: Bratlinge, selbstgemachte Kuchen.

Pizzeria Salvatore
Steeler Str. 228, Tel. 2288631, Öffnungszeiten: Di-So 11.30-14.30 Uhr, 17-23 Uhr, Montag Ruhetag. Nette Pizzeria, auch Straßenverkauf.

Roter Hahn
Kurfürstenstr. 35, Tel. 270203, Öffnungszeiten: 18-1 Uhr. Französisch-deutsche Landküche zu angenehmen Preisen.

Schwan
Lanter Str. 54, Tel. 262627, Öffnungszeiten: Di-So 12-24 Uhr, Montag Ruhetag. Tischreservierung

Der alte Wasserturm

empfohlen. Französisches Spezialitätenrestaurant der gehobenen Preisklasse. Spezialität: Fisch, Lamm.

Cafes

Weinstube und Cafe im Kulturforum
Dreiringstr. 7, Tel. 519565, Öffnungszeiten: Tgl. 9-1 Uhr. Ein umfangreiches Kulturangebot, eine ordentliche Speisekarte und eine empfehlenswerte Weinkarte sorgen dafür, daß Essener aller Altersklassen sich hier regelmäßig einfinden.

Kneipen

Die Hexe
Steeler Str. 599, Tel. 514179, Öffnungszeiten: Tgl. 19-1 Uhr, Fr u. Sa 19-4 Uhr. Gemütliche Einrichtung, jugendliches Publikum.

Soul Cafe
Isinger Tor 1, Tel. 516424, Öffnungszeiten: Mo-Mi 12-1 Uhr, Do-Sa 12-3 Uhr, So 17-22 Uhr. Die Musik (Funk, Soul, Rap) steht hier eindeutig im Vordergrund und eignet sich als gute Vorbereitung für einen anschließenden Discobesuch.

Hotels

Kuhaupt
Am Bocklerbaum 23, Tel. 591266. Preisgünstig, 13 Betten.

Zum alten Rathaus
Westfalenstr. 300, Tel. 512616. Preisgünstig, 10 Betten.

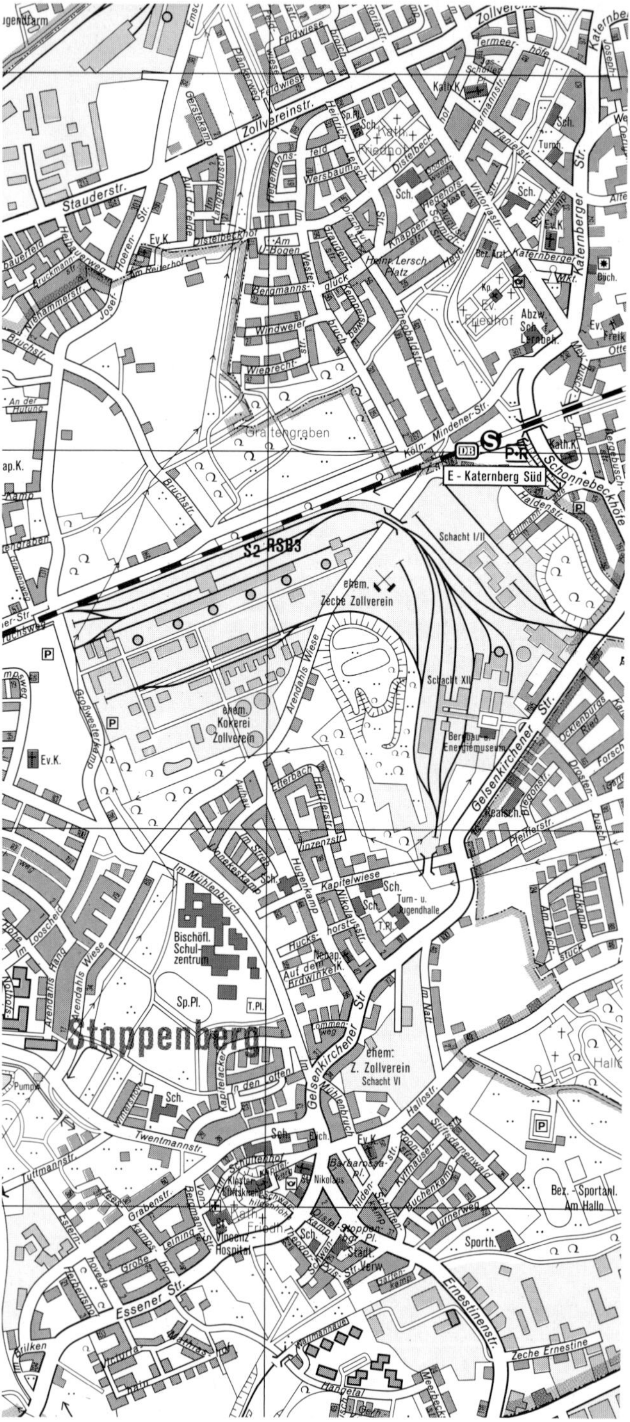

Zollvereinstr.
Stauderstr.
Katernberger Str.
Köln-Mindener-Str.
E - Katernberg Süd
Schonnebeckhöfe
S2 RSB3
ehem. Zeche Zollverein
Schacht I/II
Schacht XII
ehem. Kokerei Zollverein
Bergbau- u. Energiemuseum
Gelsenkirchener Str.
Großwesterkamp
Arendahls Wiese
Bischöfl. Schulzentrum
Sp.Pl.
Stoppenberg
ehem. Z. Zollverein Schacht VI
Turn- u. Jugendhalle
Realsch.
Im Mühlenbruch
Twentmannstr.
Essener Str.
Ernestinenstr.
Zeche Ernestine
Bez.-Sportanl. Am Hallo
Vincenz-Hospital
St. Nikolaus
Stiftskirche
Kath. Friedh.
Ev. Friedhof
Kath. Friedhof
Graitengraben
Bruchstr.
Theobaldstr.
Hallostr.
Im Natt
Sporth.
Städt. Verw.
Turnerweg
Buchenkamp
Stiftsdamenwald
Kapitelwiese
Hugenkamp
Nikolausstr.
Pfeifferstr.
Ev.K.
Kath.K.
Sch.

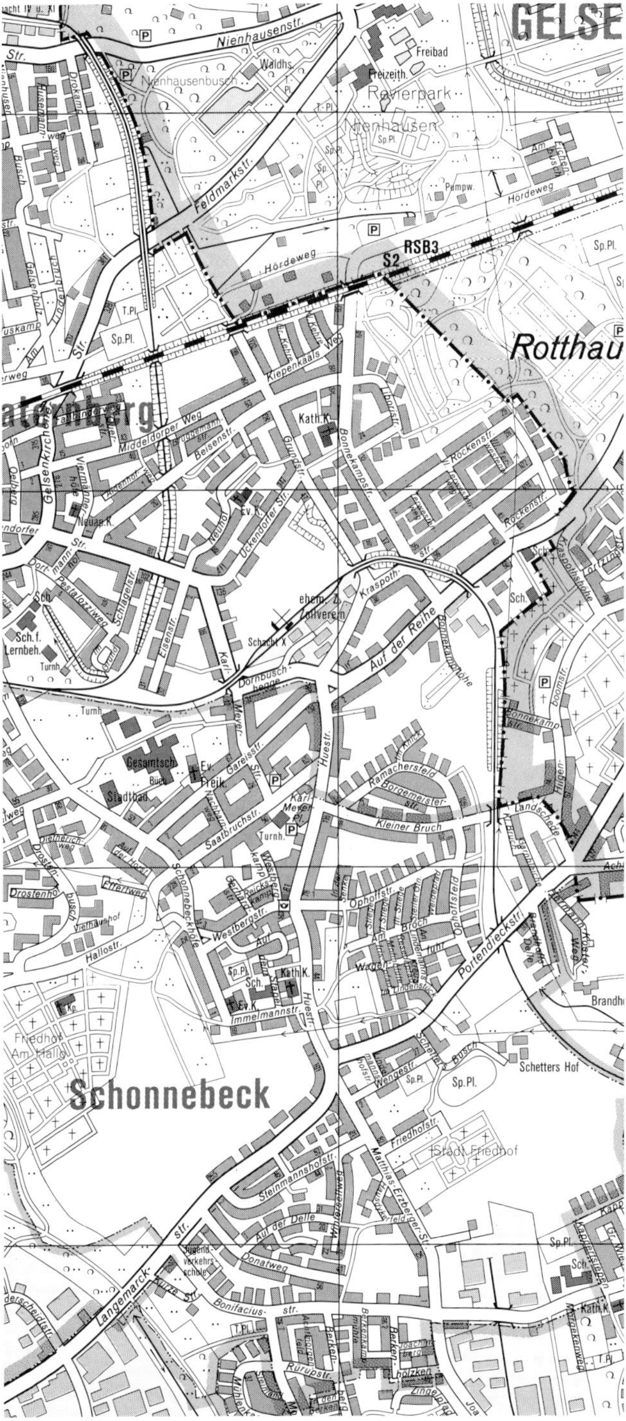
GELSE
Nienhausenstr.
Freibad
Freizeith.
Revierpark
Nienhausen
Nienhausenbusch
Feldmarkstr.
Hördeweg
RSB3
S2
Rotthau
Kath.K.
Ev.K.
Neuap.K.
Schacht X
Auf der Reihe
Gesamtsch.
Stadtbad
Saatbruchstr.
Kleiner Bruch
Ramachersfeld
Portendieckstr.
Huestr.
Immelmannstr.
Schetters Hof
Schonnebeck
Langemarckstr.
Steinmannshofstr.
Donatweg
Bonifaciusstr.
Stadt Friedhof
Friedhof Am Hallo
Jugendverkehrsschule
Rürupstr.

Das markante Fördergerüst der ehemaligen Zeche Zollverein

Stoppenberg Katernberg Schonnebeck

Anläßlich der Kirchengründung Schwanhilds, der 15. Essener Äbtissin, auf dem „Stophenberch" wurde der Stadtteil Stoppenberg im Jahr 1073 erstmals urkundlich erwähnt. Dieser „Stufenberg" – so die Übersetzung – soll vorher eine heidnische Opferstätte gewesen sein. Im 12. Jahrhundert entstand bei der Kirche ein Doppelkloster (für Männer und Frauen) der Prämonstratenser, das im 13. Jahrhundert in ein reines Nonnenkloster umgewandelt wurde.

Katernberg (der Name hat ebenso wie „Kattenturm" und „Kettwig" mit Katzen zu tun) und Schonnebeck (= „schöner Bach", ebenso wie „Schönebeck") werden seit 1220 erwähnt.

Bis zur Mitte des 19. Jahrhunderts waren diese drei Stadtteile von der Landwirtschaft geprägt, die auch den wichtigsten Erwerbszweig darstellte. Neben den typischen Zechensiedlungen, die im Zuge der Nordwanderung des Steinkohlenbergbaus auch in die nördlichen Stadtteile kamen, hat Stoppenberg einen Ortskern mit guterhaltenen Bürgerhäusern aus der Gründerzeit.

Alt-Stoppenberg

ÖPNV: Strab. 107/127 Ernestinenstr.
P: Barbarossaplatz

Kapitelberg mit Kloster und Stiftskirche „Maria in der Not"

Der sogenannte „Kapitelberg" ist ein Ort der Ruhe, eine grüne Oase inmitten der Industrieanlagen des Essener Nordens, die man von hier aus gut sehen kann. Die Bebauung auf dem Kapitelberg paßt sich der alten Stiftskirche an: Das 1961-1965 erbaute Kloster der „unbeschuhten Karmeliterinnen" besteht aus Bruchstein- und Fachwerkgebäuden.
Die ehemalige Stiftskirche wurde im 11. Jahrhundert als dreischiffige romanische Pfeilerbasilika errichtet und im 12. Jahrhundert erweitert. Aus dem 12. Jahrhundert stammt auch der wertvolle Taufstein. Die heute noch benutzten drei Glocken stammen aus dem 14. bis 17. Jahrhundert. Im 15. Jahrhundert wurde der nördliche Seitenchor – die heutige Marienkapelle – im gotischen Stil angebaut und im 17. Jahrhundert erhielt die Südseite einen Windfang.
Den Innenausbau im reinen romanischen Stil (außer der Marienkapelle) verdankt die Stiftskirche dem behutsamen Wiederaufbau nach Beschädigungen im zweiten Weltkrieg. Hierbei sei besonders auf die schöne Rekonstruktion der Decke hingewiesen.
Schließlich ist noch die Pieta (trauernde Maria) in der Marienkapelle beachtenswert, es handelt sich um eine Schnitzarbeit aus dem 17. Jahrhundert.
Unterhalb der ehemaligen Stiftskirche ragen die schlanken Türme der Nikolauskirche auf.

Nikolauskirche und Schwanhildenbrunnen

Die heutige Pfarrkirche St. Nikolaus wurde 1904-1907 nach Plänen von Carl Moritz aus hellrotem Sandstein erbaut. Das Äußere des kompakten Baukörpers mit westlicher Doppelturmanlage erinnert stark an die italienische Gotik. Die Innenausstattung spielt mit Renaissanceformen, besonders sehenswert ist das kassettierte Tonnengewölbe.
Bemerkenswert ist ferner, daß diese Kirche zahlreiche Jugendstilelemente enthält, besonders die Kreuzigungsgruppe auf dem Hauptgiebel wird dieser Kunstrichtung zugerechnet.
Vor der Nikolauskirche an der Essener Straße steht der Schwanhildenbrunnen, den der Baumeister der Nikolauskirche 1915 im Jugendstil schuf.
Die dargestellten Figuren erinnern an die Gründung der Stiftskirche im Jahr 1073: Äbtissin Schwanhild mit einem Evangelienbuch, Erzbischof Anno II. von Köln mit der Gründungsurkunde und der Baumeister Heinrich von Essen mit einem Modell der Kirche.

Altes Stoppenberger Rathaus

Neben anderen Häusern aus der Gründerzeit steht am Stoppenberger Platz auch das Rathaus von 1876, ein beachtenswerter Backsteinbau im neuromanischen Stil. Die Bebauung am Stoppenberger Platz führt recht deutlich vor Augen, daß der Ort selbst Ende des vorigen Jahrhunderts durchaus kleinstädtischen Charakter hatte.

Die romanische Stiftskirche aus dem 11./12. Jahrhundert

Zeche Zollverein

Gelsenkirchener Str. 181
ÖPNV: Strab. 107/127 Zollverein

Der erste Schacht dieser Zeche wurde schon 1848 von Franz Haniel abgeteuft, der mit dieser Kohle seine Oberhausener Eisenhütte versorgte. 1986 wurde Zollverein als letzte der Essener Zechen stillgelegt. Die 1932 vollendete Anlage des Schachtes XII mit dem berühmten Doppelbockfördergerüst gilt als einmalige Leistung der Industriearchitektur. Der Architekt Fritz Schupp schuf klare, zweckmäßige Formen, die späteren Großanlagen als Vorbild dienten.
Das markante und weithin sichtbare Fördergerüst wird von den Essenern bis heute liebevoll-spöttisch „Der Kölner Dom von Essen" genannt.
Wegen ihrer großen Bedeutung blieb die Anlage erhalten und wurde zu einem Museum mit Kulturzentrum ausgebaut.
In den Werks- und Produktionshallen können interessierte Besucher (z.B. Schulklassen) unter sachkundiger Führung die Maschinen zur Förderung und Aufbereitung der Kohle besichtigen und dadurch einen Eindruck von der Arbeit im Bergbau gewinnen. Häufig sieht man Großväter, die ihren Enkeln mit großer Sorgfalt ihre frühere Tätigkeit erklären. Neben dem Bergbaumuseum in Bochum ist die Zeche Zollverein eine wichtige Erinnerungsstätte des Bergbauwesens im Ruhrgebiet.

Revierpark Nienhausen

Gelsenkirchen, Feldmarkstraße
ÖPNV: Strab. 127 Revierpark Nienhausen
P: Feldmarkstr. oder Nienhausenstr./Trabrennbahn

Von den beliebten Revierparks liegt keiner auf Essener Stadtgebiet, aber zwei liegen unmittelbar an der Stadtgrenze: Vonderort in Bottrop und Nienhausen in Gelsenkirchen.

Kapitelberg: Pförtnerhaus des Karmeliterinnenklosters

Die ausgedehnten Freizeitanlagen im Stil der Gartenarchitektur sind in eine parkähnliche Umgebung eingebettet. Neben Freibad, Sauna und Sportangeboten finden im Revierpark Nienhausen regelmäßig Konzerte und andere kulturelle Veranstaltungen statt, Informationen dazu unter Tel: 0209/41006.

Gastronomie

Hotels

Heihoff
Essener Str. 36, Tel. 211183.
Preisgünstig, 27 Betten.

Restaurant

Zur Alten Post
Ernestinenstr. 31, Tel. 213266, Öffnungszeiten: Mo, Mi-Sa 17-24 Uhr, So. 11-24 Uhr. Dienstag Ruhetag. Gutbürgerliche Gaststätte mit zufriedenstellender Speisenkarte.

Dellwig
E - Dellwig
E - Dellwig Ost
P+R
Güterbahn
Ripshorster Str.
Buschkämpen
In der Sandgathe
Schienenspur
S2 RSB3
Baasstr.
Stadt. Friedhof
Schildberg
Ev. Friedh.
Ev. K.
Frintrop
Höhenweg
Erlenhagen
Donnerberg
Sch.
Steenkamps Busch
Reuenberg
Bergheimer Str.
Bergheimer Steig
Möllhoven
Schloßstr.
Am Kreyenkrop
Bez. - Sportanl. Am Wasserturm
Turnh.
T.Pl.
Kath.
Kath. Friedh.
Frintroper Markt
Frintroper Höhe
Auf dem Kuhlenberg
Hochtebogen
Bedingrader Str.
Bedingrade
Franziskus-Krkhs.
Laarmannstr.
Schwim.
Heuken-feld
Hexberg
Hexbach
Wennmanns-hof
Voßkuhle
Sp.Pl.
Dellwiger Str.
Bonnemannstr.
Backs Höfe
Beckerhof
Im Fatloh
Lohstr.
Roßstr.
Ev.K.
Im Wulfe
Stoetzelweg
Westerberg
Laufstr.
Bez. - Sportanl. Ardelhütte
T.Pl.

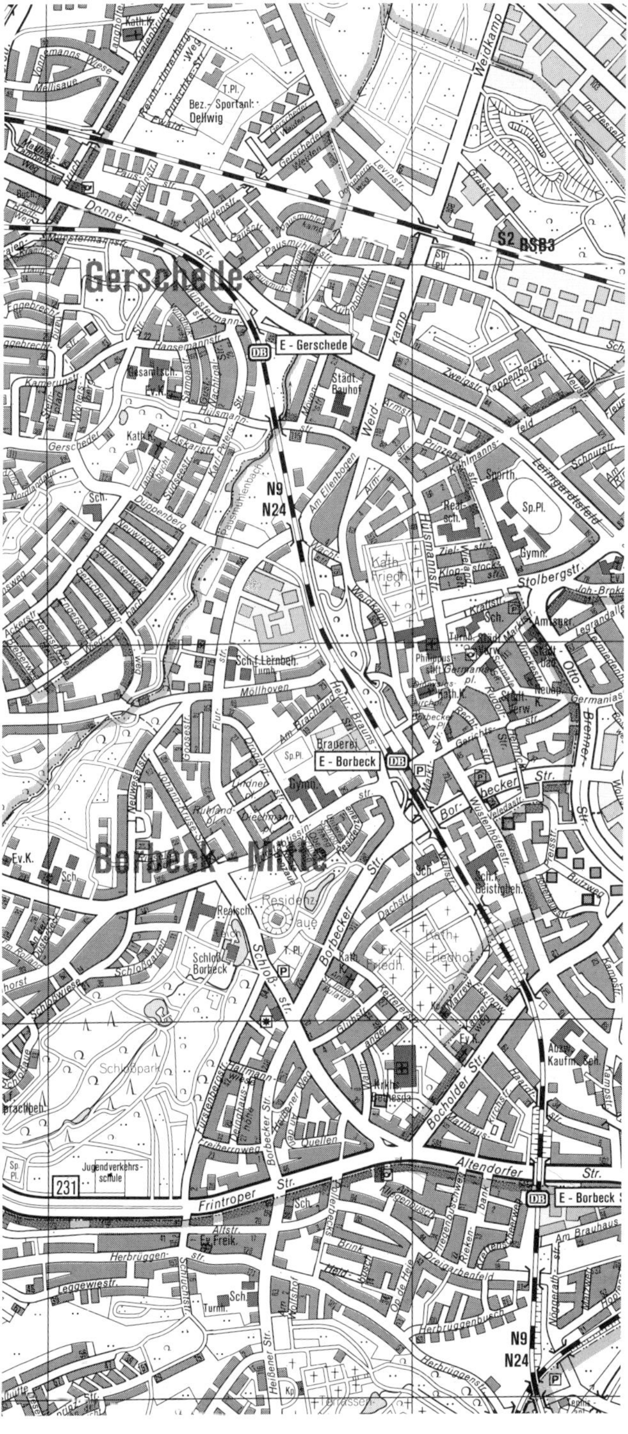
Gerschede
Borbeck - Mitte
E - Gerschede
E - Borbeck
E - Borbeck S
S2 RSB3
N9
N24
231
Bez.- Sportanl. Dellwig
T.Pl.
Weidkamp
Donner- str.
Münstermannstr.
Hansemannstr.
Gesamtsch.
Ev.K.
Kath.K.
Städt. Bauhof
Sp.Pl.
Sportpl.
Real- sch.
Gymn.
Stolbergstr.
Leimgardtsfeld
Am Ellenbogen
Kath. Friedh.
Sch.
Amtsger.
Möllhoven
Brauerei
Gymn.
Borbecker Str.
Otto- Brenner- Str.
Residenzaue
Realsch.
Schloß Borbeck
Schloß- str.
Schloßpark
Ev. Friedh.
Kath. Friedhof
Krkhs. Bethesda
Bocholder Str.
Altendorfer Str.
Frintroper Str.
Jugendverkehrs- schule
Sp. Pl.
Herbrüggen- str.
Leggewiestr.
Ev. Freik.
Turnh.
Dreigarbenfeld
Herbrüggenstr.
Heißener Str.
Kp

Borbecks „Herz": der Germaniaplatz und die Pfarrkirche St. Dionysius

Borbeck

und die nordwestlichen Stadtteile (Frintrop, Dellwig, Gerschede, Bochold, Schönebeck, Bedingrade)

Borbeck gehörte zum ältesten Besitz des Essener Stiftes, der Name bedeutet soviel wie „Bach durch ein abgabepflichtiges Gebiet", seine früheste Erwähnung geht in das Jahr 869 zurück. Frintrop („Dorf der Freien"), Schönebeck („schöner Bach") und Dellwig („Talsiedlung") werden seit 1220 erwähnt.

1915 kam die Bürgermeisterei Borbeck mit den Bauerschaften Bedingrade, Bochold, Borbeck, Dellwig, Frintrop, Gerschede, Schönebeck und Vogelheim zu Essen.

Der Nordwesten Essens wurde von Zechen und Fabriken bestimmt und geformt. Typische Bergarbeiter- und Werkssiedlungen aus verschiedenen Zeiten sind noch in allen Stadtteilen zu finden, ein Beispiel dafür ist die Bebauung rund um den Ruhlandplatz in Borbeck.

Germaniaplatz/Pfarrkirche St. Dionysius

ÖPNV: N9 E.-Borbeck, Strab. 103 Germaniaplatz
P: Bhf E.-Borbeck

Die traditionsreiche Dampf-Bier Brauerei

Rund um den Germaniaplatz, der nach der an die Reichsgründung von 1871 erinnernden Germania-Statue benannt wurde, und an der katholischen Kirche sind noch einige Bürgerhäuser mit besonders schönen gründerzeitlichen Fassaden erhalten.
Die Dionysiuskirche wurde als vierte Kirche an dieser Stelle von 1860 bis 1862 im neugotischen Stil errichtet. Besonders bemerkenswert im Innern ist der polygonale (vieleckige) Chor, sowie das Grabmal der Essener Äbtissin Elisabeth von Manderscheid-Blankenheim aus dem Jahre 1598 in der Anbetungskapelle.
An der Ostseite der Kirche befindet sich eine Mariengrotte, die vom Borbecker Knappenverein (Verein der Bergleute) zur Erinnerung an sein 50jähriges Bestehen im Jahr 1911 errichtet wurde.

Dampf-Bier-Brauerei

Heinrich-Brauns-Str. 9-15
Tel: 670098
ÖPNV: N9 E.-Borbeck

Ende des vorigen Jahrhunderts war das Dampfbier (die Gerste wurde durch Bedampfen zum schnelleren Keimen gebracht) eine neue und sehr beliebte Spezialität. So wurde 1896 die Borbecker Dampf-Bier-Brauerei gegründet, wo bis heute drei Biersorten eingebraut werden: Das „klassische" helle Dampfbier, bernsteinfarbenes Salonbier und das naturtrübe Zwickelbier.
Im Gasthof der Dampf-Bier-Brauerei kann man diese Spezialitäten noch heute genießen und dabei einiges über Brauverfahren lernen, denn die Gaststätte befindet sich in einem Teil der alten Brauerei und ist mit vielen Geräten aus der Brauerei ausgestattet. Sonntag morgens findet in der Gaststätte eine Jazz-Matinee statt, für Gruppen werden auch Führungen durch die Brauerei veranstaltet.

Schloß Borbeck

Schloßstraße
ÖPNV: U11/U17/U18 Berliner Platz, Strab. 103 Schloß Borbeck
P: Schloßstr.

Die ältesten erhaltenen Teile des romantischen Wasserschlosses Borbeck stammen aus dem 14. Jahrhundert. 1744 erhielt das Schloß den Wassergraben und wurde im Barockstil zu seiner heutigen Gestalt ausgebaut (die Jahreszahl steht noch heute über dem Eingangsportal). Das Wirtschaftsgebäude wurde nach Plänen von H. Th. Freyse 1842 im klassizistischen Stil errichtet.
Aus dem Besitz der Ritter von Borbeck erwarb das Essener Stift 1288 Schloß Borbeck. Seit dem 17. Jahrhundert war es die bevorzugte Residenz der Fürstäbtissinnen. Nach der Auflösung des Stiftes Essen 1803 fiel Schloß Borbeck an Preußen, das es 1827 an Clemens von Fürstenberg verkaufte, von dem die Stadt Essen es 1941 wieder zurückerwarb. Heute dient das Schloß als Bürgerzentrum, gelegentlich finden dort Ausstellungen, Theateraufführungen und Konzerte statt.
Besonders sehenswert ist auch der alte Schloßpark, dessen berühmtes schmiedeeisernes Tor früher den Eingang von Schloß Hugenpoet in Kettwig zierte. Im Schloßpark entspringt auch die in Stein gefaßte Quelle der Borbecke, die verschiedene Teiche speist. Im Sommer bilden die schönen Seerosen im Schloßteich eine besondere Attraktion.

Romantisches Wasserschloß in schöner Lage: Schloß Borbeck

Frintroper Wasserturm

Frintroper Straße
ÖPNV: U11/U17/U18 Berliner Platz, Strab. 105 Am Kreyenkrop

Der 1897 errichtete Wasserturm ist Frintrops Wahrzeichen, er faßt ca. 1 Million Liter und hat eine Höhe von 42 Meter. Dieser Turm hat zwar keine derartige historische Bedeutung wie der Wasserturm an der Steeler Straße, dafür ist er einer der wenigen Wassertürme, die noch in Betrieb sind. Heutzutage wird der Wasserdruck in den Leitungen ja gewöhnlich durch Pumpen aufrechterhalten.

Burg Vondern und Revierpark Vonderort

Oberhausen, Arminstraße (Burg Vondern) / Bottroper Str. (Revierpark)
ÖPNV: N9 Bottrop Hbf, N Bottrop-Oberhsn. bis Bot.-Vonderort

Nicht mehr auf Essener Gebiet, aber direkt an der Stadtgrenze liegen die Wasserburg Vonderort, eine alte, gut restaurierte Fliehburg aus dem 15. Jahrhundert, sowie der Revierpark Vonderort mit einem Sole- und einem Wellenbad, der auch für viele Nord-Essener ein beliebtes Ziel ist.

Galerien

Galerie „Z"
Pollerbecks Brink 1, Tel. 674388. Öffnungszeiten: Do-Fr 16.30-18.30 Uhr u. nach Vereinbarung. Juni – August geschlossen. Zeitgenössische Kunst (Aquarelle, Graphiken).

Gastronomie

Kneipen

Bistro Cafe du Marché
Borbecker Platz 4, Tel. 687362, Öffnungszeiten: Mo-Fr 12-1 Uhr, Sa/So 12-4 Uhr. Bistro im Herzen von Borbeck. Im Sommer mit Cafeterrasse, Publikum eher jugendlich.

Borbecker Dampf-Bier Brauerei
Heinrich-Brauns-Str. 9, Tel. 670098, Öffnungszeiten: Mo-Do, So 11-1 Uhr, Fr/Sa 11-2 Uhr. Alte Brauerei, uriges Ambiente, im Sommer Biergarten. Sonntags Jazz-Matinee. Gutbürgerliche Küche. Spezialität: Bratwurst am Meter, Dampfbier aus eigener Brauerei.

Jedermann
Altendorfer Str. 591, Tel. 651922, Öffnungszeiten: Tgl. 19-1 Uhr. Nach dem Umzug vom Viehofer Platz zur Altendorfer Str. ist das Jedermann zum Borbecker Szenetreff geworden. Einrichtung, Speisenkarte und Besitzer sind gleichgeblieben.

Discos

Prisma
Wüstenhöferstr. 234, Tel. 674041, topmoderne Einrichtung (Sound-Laser-Show), Tanztee mit Live-Musik und ein sixtiesmäßiger Club mit entsprechender Beschallung. Techno und Dancefloor in der Disco.

Hotels

Hotel Meier
Eppinghofer Str. 31, Tel. 622263, preiswert, 18 Betten.

Hotel am Schloßpark
Borbecker Str. 180, Tel. 675001, gehobene Preislage, 44 Betten.

Hotel Wilhelmshöhe
Frintroper Str. 189, Tel. 607738, mittlere Preislage, 60 Betten.

Fulerum
Margarethen-
höhe
laarzopf
Südwest-
friedhof
Ehrenfriedhof
Barkhoff
Halbach-
Hammer
Fulerumer Str.
Humboldtstr.
Ev.K.
Am Ehrenfriedhof
Beekmannstr.
Harscheidweg
Ehrenaue
Stubertal
Altenau
Lührmannstr.
Lührmannwald
Sommerburgstr.
Lehnsgrund
Kath.K.
Helgoland-
Am Nachtigallental
Am Wünnesberg
Tommesweg
Milkdelle
Folkersbeck
Kirschbaumsweg
Am Bröngen
Im Schlagholz
Spielkampsweg
Hatzper Str.
Sch.
Raadter Str.
Auf'm Bögel
T.Pl.
Ev.K.
Ev.
Friedh.
Hartzbeeker Mark
Föhrenweg
Sp.Pl.
Turnh.
Birkmannsweg
Alte Hatzper Str.
Am Haus Stein
Hs. Stein
Stadtgärtnerei
Ehrenmal
Karstadt
Hpt. Verw.
E-Bredeney
Hatzper Bogen
An der Ziegelei
Engelsruh
Kamperfeld
Meisenburgstr.
Brucker Holt
Eststr.
zu Eststr.
52
Wetteramt
Essen
Landesanst. f.
Immissionsschutz NW
Grüne Matte
Hunsrückstr.
Eifelhang

Poetische Architektur: Galerienhäuser auf der Margarethenhöhe

Margarethen-höhe

Haarzopf / Fulerum / Schuir

Die Witwe von Friedrich Alfred Krupp stiftete anläßlich der Hochzeit ihrer Tochter Berta im Jahre 1906 ein Gelände von 50 Hektar und eine Million Goldmark zur Errichtung der „Margarethe-Krupp-Stiftung für Wohnungsfürsorge". Zwischen 1910 und 1931 erbaute der Architekt Georg Metzendorf eine anmutige, in sich geschlossene Kleinstadt für etwa 10.000 Menschen, die seit 1911 „Margarethenhöhe" genannt wurde und als Meilenstein in der Geschichte des deutschen Siedlungsbaus gilt. Nach dem Krieg entstand dann die „Margarethenhöhe II", beide Teile bilden heute den Stadtteil Margarethenhöhe.

Viel älter ist Haarzopf, das als „Hartzappe" 1215 erstmals erwähnt wurde. Der Name hat allerdings nichts mit einem „Zopf" zu tun, er bedeutet vielmehr soviel wie „Bergwaldbach". Seit 1915 gehört Haarzopf zu Essen.

Fulerum wurde 1910 nach Essen eingemeindet, eine frühe Besiedlung ist durch vorgeschichtliche Funde belegt. Der Name ist seit dem

Wochenmarkt vor dem „Gasthaus Margaretenhöhe"

12. Jahrhundert überliefert und benennt einen „Ort wo es faul riecht". Die Gemeinde Schuir kam 1975 mit Kettwig zu Essen. Schon im 13. Jahrhundert ist ein Ort „Scure" belegt, was man – passend zur ländlichen Lage – mit „Scheune" übersetzen kann. In Schuir liegt das Wetteramt Essen, wo die Wettervorhersagen für ganz Nordrhein-Westfalen erstellt werden.

Margarethenhöhe

ÖPNV: U17 Laubenweg, bzw. Margarethenhöhe
P: Kleiner Markt, außer Mi. und Sa. vormittags

Die Margarethenbrücke, die Holsterhausen mit der Margarethenhöhe verbindet, gilt als schönste Sandsteinbrücke des Ruhrgebiets. Bemerkenswert ist ihre leichte Senkung zur Mitte hin, die für eine harmonische Anpassung an die natürlichen Geländegegebenheiten sorgt. Den Eingang zur Margarethenhöhe markiert die torartige Häusergruppe „Am Brückenkopf". Der „Kleine Markt" bildet das Zentrum der ursprünglichen Margarethenhöhe, um ihn herum ist die Kleinstadtarchitektur Metzendorfs am besten erhalten. Seine Stirnseite wird von dem „Gasthaus zur Margarethenhöhe" eingenommen, davor liegt der sogenannte „Schatzgräberbrunnen", mit dem die Stadt der Stifterin 1912 ein Denkmal setzte. Der Spruch auf dem Brunnen „Grabet Schätze nicht mit Spaten, suchet sie in edlen Taten", knüpft an die Sage an, die von einem Schatz in der alten, einst am Mühlenbachtal gelegenen Sommerburg erzählt.
Ein Rundgang durch die pittoresken Gassen der Margarethenhöhe, wo sich früher auch viele Künstler ansiedelten, ist unbedingt empfehlenswert. Außerdem kann man eine im Zustand von 1911 restaurierte Mu-

sterwohnung besichtigen, die auch einen Einblick in die Vorstellungen Metzendorfs von Wohnqualität gestatten wird (Auskunft erteilt das Ruhrlandmuseum Tel: 88-8411).

Nachtigallental/ Bauer Barkhoff

Der schöne Mischwald östlich unterhalb der Margarethenhöhe eignet sich zu einem kleinen Spaziergang. Wenn man dem Wanderzeichen M folgt, gelangt man auf einem Rundwanderweg um die Margarethenhöhe herum.

Im Nachtigallental steht der ehemalige Hülsmannshof aus dem Jahr 1825, ein Fachwerkhaus im Stil niedersächsischer Längsdielenhäuser, der heute die Gaststätte „Bauer Barkhoff" beherbergt.

Folgt man dem Weg weiter, gelangt man zum „Halbachhammer".

Halbachhammer

Ursprünglich stand dieser – erstmals 1417 erwähnte – Hammer in Weidenau an der Sieg. Um 1900 wurde er stillgelegt und drohte zu verfallen. Gustav Krupp von Bohlen und Halbach erwarb das marode Bauwerk, ließ es instandsetzen und 1936 im Nachtigallental aufstellen. Heute ist der Halbachhammer eine Außenstelle des Ruhrlandmuseums.

Das Hammergebäude besteht aus zwei Teilen, dem großen Aufwerfhammer und der Frischhütte zur Stahlerzeugung mit dem kleineren Reckhammer. Ursprünglich wurden die Hämmer und der Blasebalg von unterschlächtigen Wasserrädern angetrieben.

In den Monaten Mai bis September finden regelmäßig Schmiedevorführungen statt. Informationen darüber gibt das „Maitember"-Programm oder das Ruhrlandmuseum, das nach Absprache auch Vorführungen

Ein Stück Industriegeschichte: der Halbachhammer

Landwirtschaftliches Essen: Haus Schuir

für Gruppen organisiert (Tel: 88-8411).

Flughafen Essen-Mülheim

Zeppelinstraße
ÖPNV: U11 Grugastadion, Bus CE45 Flughafen

Der 1925 erbaute Flughafen Essen-Mülheim dient mit seiner nur 1.600 m langen Start- und Landebahn lediglich dem Nahflugverkehr sowie Hobbyfliegern. Der wichtigste Flughafen für Essen ist der internationale Düsseldorfer Flughafen.
In Essen-Mülheim befindet sich die einzige Luftschiffwerft Deutschlands, weshalb über dem Ruhrgebiet häufig noch „Werbezeppeline" zu beobachten sind.

Haus Schuir

Schuirweg
ÖPNV: U11 Grugastadion, Bus CE45/CE47 Abzweig Flughafen (von dort ca. 1 km)

Schuir war schon im 12. Jahrhundert ein Lehen der Abtei Werden. Das heutige Haus Schuir wurde 1792 von Abt Bernhard II. als Landsitz erbaut und dient mittlerweile als Gastwirtschaft. Ein Spaziergang in der Umgebung führt durch Felder und an vielen alten Bauernhöfen vorbei: Schuir ist einer der ganz wenigen Stadtteile Essens, an denen die Industrialisierung nahezu spurlos vorübergegangen ist. Noch zu Beginn des 19. Jahrhunderts dürfte das ganze Essener Umland ähnlich ausgesehen haben.

Gastronomie

Restaurants

Gasthaus zur Margarethenhöhe
Steile Str. 46, Tel. 715433. Gutbürgerliche Küche zu zivilen Preisen.

Kneipen

Bauer Barkhoff
Lehnsgrund 14 a, Tel. 715483. Gemütliche Kneipe im alten Bauernhaus, viel Betrieb an Sommerwochenenden.

Haus Schuir
Schuirweg 74, Tel. 492467. Beliebtes Ausflugslokal.

Hotels

Gasthaus zur Margarethenhöhe
Steile Str. 46, Tel. 715433. Preisgünstig, traditionsreich, 20 Betten.

Schmidt (Fulerum)
Humboldtstr. 211, Tel. 712012. Preisgünstig, 38 Betten.

Bergerhausen
Rellinghause
Stadtwald
Schellenberg
Ruhrallee
227
Rellinghauser Str.
Frankenstr.
Stadtwerke AG
Wohnstift Augustinum
Schloß Schellenberg
Freie Waldorfsch.
Ruine Vittinghoff
Ruhrkolleg
Realsch.
Ev. Prediger-seminar
E-Bergerhausen
Elisabeth-Krkhs.
Moltkestr.
Weserstr.
Bez. - Sportanl. Am Krausen Bäumchen
Tennisplätze
Mühlenbach
Im Walpurgistal
St. Annental
Stiftskirche
Städt. Friedhof
Städt. Verw.
Riesweg
Eisenbahnstr.
Schellenbergstr.

1. Essener

Chorfest

12.6.-14.6. 1997

Stadtverband Musik Essen e.V.

Schirmherrin:
Annette Jäger, Oberbürgermeisterin der Stadt Essen

1. Konzert

Donnerstag, 12.06.1997
20 Uhr, Alte Synagoge

Collegium musicum der Folkwang Musikschule
Leitung: Christian de Witt
Georg Philipp Telemann (1681-1767)
„Die Tageszeiten"
Kantate für Solisten, Chor und Orchester
Der Morgen
Der Mittag

Kammerchor Kettwig e.V. 1965
Leitung: Christoph Erkens
Johannes Brahms (1833-1897)
„Weltliche Gesänge"

Schubertbund Essen e.V.
Leitung: Juri Dadiani
Adam Gumpelzhaimer(1559-1625)
„Ach Gott, tu dich erbarmen"

Jacobus Gallus (Handl)(1550-1591)
„Haec est dies"

Franz Schubert (1797-1828)
„Gott, meine Zuversicht" (23. Psalm)

Franz Schubert
„Die Allmacht"

Franz Schubert
„Im Abendrot"

Rudolf Desch (Satz)
„Niemals vergesse ich den Tag" (Spiritual)

Juri Dadiani (Bearbeitung)
„Lechu neranena" (Hebräisches Volkslied)

Collegium musicum der Folkwang Musikschule
Leitung : Christian de Witt
Georg Philipp Telemann:
„Die Tageszeiten"
Der Abend
Die Nacht

Schloß Schellenberg

Rellinghausen Stadtwald Bergerhausen

Rellinghausen wurde im Jahre 998 von der Essener Äbtissin Mathilde als Stift für die Töchter des niederen Adels, denen der Eintritt in das hochadelige Essener Stift verwehrt war, gegründet. Das Stift war vom Essener Mutterhaus abhängig, Vorsteherin war jeweils eine der Essener Stiftsdamen. Trotz dieser Abhängigkeit überlebte in der Gemeinde Rellinghausen ein altes Gewohnheitsrecht: Noch im 16. Jahrhundert gab es hier eine besondere Bergordnung (Ordnung des Kohlenbergbaus). Diese sogenannte „Rellinghäusische Observanz" erlaubte dem Besitzer eines Grundstücks, seine Stollen – gegen Entrichtung einer kleinen Abgabe – auch unter Nachbargrundstücke zu treiben.

Rellinghausen gehörte im 19. Jahrhundert, ebenso wie auch Berger-

hausen, zu Steele. 1910 wurde Rellinghausen, 1929 Bergerhausen nach Essen eingemeindet.
Stadtwald ist der jüngste der Essener Stadtteile, er entstand nach der Aufforstung des Langenbrahmer Waldes (1904-1908). Dafür hatte der Essener Oberbürgermeister Zweigert sich besonders eingesetzt, woran heute noch der sogenannte „Zweigertstein" erinnert.
Die drei Stadtteile im Grünen sind – auch wegen ihrer noch recht zentralen Lage – heute sehr beliebte Wohngegenden.

Ehemaliges Stift Rellinghausen

Stiftsplatz
ÖPNV: Str 104 Rellinghausen Rathaus
P: Ardey-Platz

Rings um den Stiftsplatz ist noch viel von der alten Bebauung Rellinghausens erhalten. Die Fachwerkhäuser stammen meist aus dem 17./18. Jahrhundert. An der Ecke Am Stift/Oberstraße steht der alte Gerichtsturm aus dem Jahr 1567. Der mächtige Efeubewuchs des sogenannten „Blücherturmes" steht unter Naturschutz. Seinen Namen hat der Turm von seinem letzten Bewohner, einem Stadtpolizisten, dem man eine erstaunliche Ähnlichkeit mit Blücher nachsagte.
Am Stiftsplatz selbst liegt das „Steinhaus", das heute Restaurant und Weinstuben „Altes Stiftshaus" beherbergt. Dieses im 15. Jahrhundert aus Ruhrsandstein erbaute Gebäude – die Grundmauern stammen aus dem 13. Jahrhundert – gilt als ältestes erhaltenes Haus der Stadt und wurde im Zustand des 16. Jahrhunderts restauriert.
Hinter dem Steinhaus an der Rellinghauser Straße stehen die Reste des „Stiepelturms", einer bäuerlichen Befestigungsanlage aus dem 15. Jahrhundert. Diese sogenannten „bäuerlichen Steingaden", von denen es früher viele in der Gegend gab, dienten zugleich als Wohn- oder Lagerraum und als Zufluchtsstätte.
Aus der Gründungszeit (998) des Stiftes stammt der Turm der ehemaligen Stiftskirche (Pfarrkirche St. Lambertus). Der romanische Turm wurde in den Schinkelschen Neubau des 19. Jahrhunderts mit einbezogen. Bemerkenswert ist auch das Taufbecken (um 1000). Gegenüber der Kirche liegt das Schulgebäude von 1678, daneben das alte Küsterhaus. Der große Fachwerkbau auf der anderen Straßenseite ist das ehemalige Brauhaus des Stiftes.

Gottfried-Wilhelm-Siedlung

Gottfried-Wilhelm-Straße
ÖPNV: Strb. 104 Gottfried-Wilhelm-Str. (Endstation)

Diese gut erhaltene Zechensiedlung wurde 1908 bis 1911 nach den Plänen von Oskar Schwer errichtet. Sie ist ein typisches Beispiel der Gartenstadtarchitektur, die zu Beginn des Jahrhunderts auch in Deutschland populär wurde. Die unterschiedlichen Haustypen und eine verschlungene Straßenführung erinnern an gewachsene Siedlungsstrukturen. Die Ähnlichkeiten zur etwa gleichzeitig begonnenen „Margarethenhöhe" Georg Metzendorfs sind sehr deutlich erkennbar.

Schloß Schellenberg/ Schellenberger Wald/ Haus Baldeney/ Isenburg

Schellenbergstraße
ÖPNV: S6 E-Stadtwald, Bus 175 Augustinum (Schellenberg), oder S6 E-Hügel (Haus Baldeney)
P: Schellenbergstr. oder Freiherr-vom-Stein-Str.

Gegenüber dem Altenstift Augustinum liegt das Schloß Schellenberg. Der Wohnturm mit dem angebau-

Wie verwunschen: der „Blücherturm"

ten Haus stammt aus dem 14. Jahrhundert, die Schloßanlage dient heute als Polizeischule und kann daher nicht besichtigt werden.

Empfehlenswert ist jedoch ein Spaziergang durch den Schellenberger Wald in Richtung Baldeneysee (Rundwanderweg S), vorbei an der „Korte-Klippe", mit einer herrlichen Aussicht über den See, hinab zum Haus Baldeney und weiter zur „Kluse" im Stadtwald.

Der Baldeneysee verdankt seinen Namen der spätmittelalterlichen Burganlage an seinem Ufer. Die ältesten Teile, Wohnturm und Kapelle, stammen hier ebenfalls aus dem 14. Jahrhundert.

Oberhalb von Haus Baldeney liegt die Ruine der sogenannten Neu-Isenburg, deren Geschichte mit einem Skandal des Mittelalters verbunden ist: Im Jahre 1225 sollte in Soest ein Territorialstreit zwischen dem Essener Schirmvogt Friedrich von Isenberg und dem Kölner Erzbischof Engelbert geschlichtet werden. Nach dem Scheitern dieses Schlichtungsversuchs ließ der Isenberger den Erzbischof auf dem Rückweg nach Köln überfallen und ermorden. Daraufhin wurde er geächtet, sein Stammsitz – die Isenburg bei Hattingen – zerstört und er selbst schließlich hingerichtet.

Friedrichs ältester Sohn Dietrich erbaute dann 1235 die „Neu-Isenburg" auf dem Baldeneyer Berg, die allerdings um 1290 ebenfalls zerstört wurde.

„Kluse"

Klusenkapelle St. Ägidius

Ägidiusstraße
ÖPNV: S6 E-Stadtwald, Bus 194 Zweigertstein
P: Ecke Frankenstr./Ägidiusstr.

„Kluse" ist Niederdeutsch und bedeutet soviel wie „Klause", „Einsiedelei". Die Klusenkapelle wurde vor 1300 erbaut, zu ihrer Gründung gibt es zwei Geschichten: Die unwahrscheinlichere ist, daß sich eine Angehörige des Grafen Friedrich von Isenberg nach dessen Mord an dem Kölner Erzbischof Engelbert von Berg 1225 (s.o.) hierhin zurückgezogen habe. Darauf weist eines der beiden gotischen Fenster der Kapelle hin, in dem der auf das Rad gebundene Bischofsmörder abgebildet ist.

Die andere Geschichte berichtet von zwei Schwestern, die hier als Einsiedlerinnen lebten. 1505 soll sich eine an der Pest erkrankte Äbtissin dann in die Kluse zurückgezogen haben, weshalb die Kapelle heute dem heiligen Ägidius – einem der 14 Nothelfer – geweiht ist. So oder so: In beiden Fällen spielten Frauen eine wesentliche Rolle in der Geschichte dieser Kapelle.

Neben der Kapelle befindet sich das Cafe „Zur Kluse" im ehemaligen Stammhaus der Familie Klusemann aus dem Jahre 1785.

Gastronomie

Restaurants

Altes Stiftshaus
Stiftsplatz 1, Tel. 472736, Öffnungszeiten: Tgl. ab 18 Uhr. Tischreservierung empfehlenswert. Frische Küche mit interessanten Kreationen. Nettes, junges Team, gehobenes Niveau.

Drago
Zornige Ameise 3, Tel. 443040, Öffnungszeiten: Tgl. 11.30-24 Uhr. Gemütliches Steakhaus mit guter Atmosphäre. Überdachter Biergarten. Spezialität: Steak, Fisch.

Pizzeria Caruso
Frankenstr. 110, Tel. 473680, Öffnungszeiten: Mi-Mo 12-14.30 Uhr, 17.30-24 Uhr. Dienstag Ruhetag. Italienisches Spezialitätenrestaurant mit netter Atmosphäre.

Purzelbaum
Eschenstr. 58, Tel. 443648, Öffnungszeiten: Mo-So 17-24 Uhr. Tischreservierung erbeten. Frische, deutsche Küche, gehobenes Preisniveau, „Promitreff".

Trikala
Ruhrallee 105, Tel. 250097, Öffnungszeiten: Tgl. 11.30-15 Uhr, 17.30-24 Uhr. Tischreservierung am Wochenende empfohlen. Griechisches Spezialitätenrestaurant mit gemütlicher Einrichtung. Spezialität: Mousaka, gebackener Fisch.

Zur Kluse
An der Kluse 27 b, Tel. 441717, Öffnungszeiten: Di-So 11-23 Uhr. Montag Ruhetag. Gutbürgerliche Küche. Spezialität: Wildgerichte je nach Saison.

Kneipen

Gasthaus Appelhannes
Fünfkirchenblick 103, Tel. 519781, Öffnungszeiten: Tgl. 10-23 Uhr. Biergarten, Cafe, Restaurant, Kneipe, Kunstausstellungen. Schöner Blick auf die Ruhr. Spezialität: 25 Apfelbrände, Calvados.

Schleifmühle
Eschenstr. 14, Tel. 253267, Öffnungszeiten: 18-1 Uhr. Exklusive Lage, normales Publikum, großer Biergarten, der um 22 Uhr schließen muß.

Souldog
Rellinghauser Str. 269, Tel. 251618, Öffnungszeiten: Tgl. 18-1 Uhr, Fr u. Sa 18-4 Uhr. Soul- und Blueskneipe mit Kleinkunstaktionen und reichhaltigem Whiskyangebot.

Das Steinhaus: Speisen im Keller aus dem 13. Jahrhundert

Hotels

Uhlenkrug
Am Uhlenkrug 45, Tel. 441618.
Preisgünstig, 15 Betten.

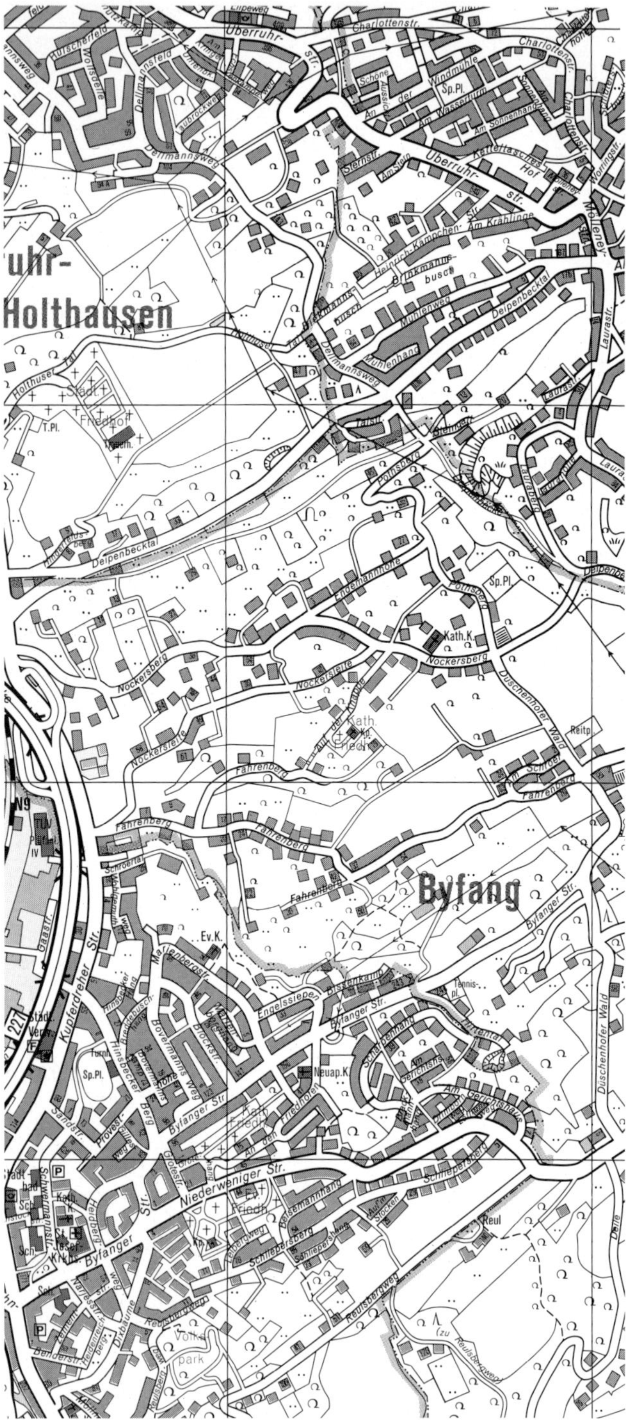
Überruhr-
Holthausen
Byfang
Charlottenstr.
Überruhr-str.
Dellmannsweg
Holthuser Tal
Deipenbecktal
Städt. Friedhof
Nockersberg
Nockersiepe
Fahrenberg
Pothsberg
Duschenhofer Wald
Byfanger Str.
Kupferdreher Str.
Niederweniger Str.
Reulsbergweg
Lauraberg
Laurastr.
Mühlenweg
Brinkmannsbusch
Heinrich-Kämpchen-Str.
Endemannhöhe
Engelssiepen
Bissenkamp
Marienbergstr.
Hinsbecker Berg
Sandstr.
Schwermannstr.
Dixbäume
Schliepersberg
Balsemannhang
Kath. K.
Ev. K.
Neuap. K.
Sp.Pl.
T.Pl.
Tennis-pl.
Reitp.
Reul
Volkspark
Gaastr.

Wuppertaler Str.
ehem. Zeche Heinrich
P+R
E - Holthausen
DB
Klapperstr.
Eskenshof
Übe
Ostpreußenstr.
Langenberger Str.
227
Rote-mühle
Theodor-Heuss
Elsaßstr.
Hagenbusch
Herrenbusch
Am Langensiepen
Springloh
Nordschleswigstr.
Sonnenstr.
Lanterscheidweg
Hunsiepen
Heisinger Str.
Bonnenbergstr.
Sp.Pl.
Heisingen
Lohringenstr.
Am Krusen
Memelstr.
Petzelsberg
Königssiepen
Kath.K
Friedhof Heisingen
Trauerh.
Scharweg
Malmedystr.
Linnhoferberg
Königsiepen
Wechsel
Wuppertaler Str.
Heckhülsenring
Eupenstr.
Barnscheidstr.
Bahnhofstr.
Zölestinstr.
Baderweg
Brunnsiepen
Sch.
Turnh.
Ev.K.
Hs. Heisingen
Haus Heisingen
Butenbergs Kamp
Stemmering
Beckumsfeld
Bonscheider Str.
Fährenkotten
Kampmannbrücke
Ruhr
N.D.
Geol. Wand
Schmiedekottenweg
Neuap. K.
Stauseebogen
Sporthafen
Kläranl.
Vobbergring
Kolkmannskamp
Im Kirkamp
Obere Aue
Schul jugendheim
Vogelschutzgebiet
Hespertalbahn
Sporth.
Anl.St.
Friedrich-Str.
E - Kupferdreh

Aufschluß am geologischen Wanderweg

Kupferdreh

und die südöstlichen Stadtteile Überruhr, Burgaltendorf, Byfang, Heisingen

Der Kupferhammer in Kupferdreh ist zwar schon seit 1550 urkundlich belegt, der Ortsname aber erst seit 1813. Daher sind die Spekulationen über die Herkunft des Namens „Kupferdreh" nicht abschließend zu klären: entweder weist der Name auf den erwähnten Kupferhammer hin, oder er ist auf einen Ruf „Kopp dreihen" (Bug wenden) der Ruhrschiffer an der engen Flußschleife zurückzuführen.
1965 wurden in Überruhr die Reste eines germanischen Dorfes mit einem Rennofen, der der Eisenverhüttung diente, aus der Zeit um 200 n.Chr. gefunden – ein Beleg für das Alter von Siedlungen im Essener Raum. Alt sind auch Byfang und Heisingen: während ein „Byfang" oder „Biuang" ein „Ort mit Sonderrecht" war, der im Essener Gebiet seit 837 bekannt ist, bedeutet „Heisingen" (ursprünglich „Hesingi") soviel wie „umzäunter Niederwald" und wurde 834 erstmals erwähnt.
Aus dem 10. Jahrhundert ist ein „Aldonthorpa" überliefert, also ein alter Siedlungsmittelpunkt, dessen Name später zu „Altendorf" wurde. Da es in Essen aber bereits einen Stadtteil Altendorf gab, wurde der neue Stadtteil bei seiner Eingemeindung

Hespertalbahn und Königlich-Preußischer Bahnhof

im Jahr 1970 in „Burgaltendorf" umbenannt.
Kupferdreh, Byfang, Heisingen und Überruhr kamen im Zuge der Eingemeindungswelle von 1929 zu Essen. Der Südosten Essens ist – außerhalb der Ortskerne – noch recht landwirtschaftlich geprägt. Heisingen und Überruhr sind ziemlich dicht bebaut, wobei Heisingen als Stadtteil mit gehobener Wohnlage einzustufen ist. Burgaltendorf hat sich einen gewissen dörflichen, Kupferdreh einen kleinstädtischen Charme bewahren können.

Hespertalbahn und Königlich-Preußischer Bahnhof

Prinz-Friedrich-Str. 1
ÖPNV: N9 E-Kupferdreh

Von 1877 bis 1973 verband die Hespertalbahn die Zeche Pörtingssiepen mit der Hauptstrecke Essen-Wuppertal. Seit 1892 diente sie neben dem Güter- auch dem Personenverkehr. Aus dieser Zeit stammen auch die Bahnhofsgebäude des „Königlich-Preußischen Bahnhofs zu

Kupferdreh", in denen sich heute Kneipe und Veranstaltungsort „Fritz" befinden.
Als die Zeche Pörtingssiepen 1973 stillgelegt und abgerissen wurde, übernahm der „Verein zur Erhaltung der Hespertalbahn" die Strecke und veranstaltet seither von Mai bis Oktober jeden 1. und 3. Sonntag im Monat, sowie an allen Feiertagen zwischen 10.30 und 18.30 Uhr Fahrten mit dem historischen Zug zwischen Kupferdreh und Haus Scheppen.
Jeden Samstag ab 11 Uhr können die Fahrzeuge des Vereins im Betriebshof am Hardenbergufer besichtigt werden. Nähere Informationen dazu unter Tel: 27857

Verladestation und geologische Wand Heisingen

(Geologischer Wanderweg)
ÖPNV: N9 E.-Kupferdreh, Bus 155/165 Kampmann Brücke
P: S-Bf. oder Kgl.-Preuß. Bf.

An der Kampmannbrücke sind einige Stollenmundlöcher (Eingänge alter Stollenanlagen), sowie eine historische Kohleverladestation zu besichtigen. In der geologischen Wand sind deutlich zwei Kohlenflöze zu erkennen, die hier zu Tage treten.
An diesem Punkt beginnt ein geologischer Wanderweg, der – an weiteren interessanten Naturdenkmälern vorbei – nach Werden führt.
Nähere Informationen, Wegbeschreibungen, sowie Termine kostenloser Führungen sind im Ruhrlandmuseum erhältlich.
(Tel: /888411).

Museumslandschaft Deilbachtal

(Industriegeschichtlicher Wanderweg)
ÖPNV: N9 E.-Kupferdreh, Bus 177 Deilbachbrücke
P: Nierenhofer Str., Sportplatz

Wer sich für vor- und frühindustrielle Arbeitsstätten interessiert, dem sei ein Spaziergang durch eine der Wiegen der Ruhrindustrie empfohlen. Der Deilbach eignete sich durch seine hohe Fließgeschwindigkeit hervorragend zum Antrieb von Wasserrädern. Der erste Kupferhammer wurde daher schon 1550 an der Stelle des heutigen Kupferhammers erwähnt. Leider sind Walzen und Schmelzöfen des 1933 stillgelegten Hammers nicht mehr erhalten. Von seinem Betrieb zeugen, neben den Gebäuden, nur noch Bilder und ein Modell im ehemaligen Kutschenhaus.
Der Wanderweg führt an Zeugnissen des frühen Kohleabbaus und einer geologischen Wand vorbei zu dem „Deilbachhammer" genannten Eisenhammer. Sicher belegt ist dieser Hammer seit 1788. Nach seiner Stillegung 1917 wurde er – wie der Halbachhammer – durch das Engagement Gustav Krupp von Bohlen und Halbachs vor dem Verfall bewahrt. Er gehört heute ebenfalls zum Ruhrlandmuseum, das zwischen Mai und September dort Schmiedevorführungen veranstaltet.
Weiter folgt man dem Weg der Kohlewagen, der sogenannten „Hunde" oder „Hunte" und überquert auf der nach ihnen benannten „Hundebrücke" die „Prinz-Wilhelm-Trasse". Auf dieser Trasse wäre beinahe die erste Dampfeisenbahn Deutschlands gefahren, wenn der preußische König den Dampfbetrieb, wegen eines Unglücks in England, 1833 nicht verboten hätte. So fuhr die erste Dampfeisenbahn Deutschlands 1835 in Bayern, die Wagen der „Prinz-Wilhelm-Bahn" wurden noch bis 1844 von Pferden gezogen. Heute folgt die Bahnlinie Essen-Wuppertal teilweise dieser Trasse, so daß eine Fahrt von Kupferdreh oder Steele nach Wuppertal an vielen alten Industrieanlagen vorbeiführt – durchaus ein lohnenswertes Erlebnis.
Über die „Hundebrücke" gelangt man zuerst zur ehemaligen Zeche Viktoria, von der nur noch ein

Schornsteinstumpf erhalten ist, darauf zu dem aus dem vorigen Jahrhundert stammenden Deilmannshof und schließlich zur Deilmannsmühle, deren altes Mahlwerk noch voll funktionsfähig ist und noch heute benutzt wird.
Ein Wanderführer mit genauen Wegbeschreibungen, sowie die Termine der kostenlosen Führungen sind im Ruhrlandmuseum erhältlich (Tel: 888411).

Mineralien-Museum

Kupferdreher Str. 141-143
Tel: 887712
Geöffnet: Di.-Fr. 10-13, Sa./So. 10-18 Uhr
ÖPNV: N9 E.-Kupferdreh
P: Bahnhof Kupferdreh oder Schwermannstr.

In einer Region, deren Bedeutung auf Kohle und Stahl zurückzuführen ist, spielen Mineralien selbstverständlich eine besondere Rolle und verdienen daher auch ein eigenes Museum. Doch nicht nur Fundstücke aus der näheren Umgebung begründen die überregionale Bedeutung dieser Sammlung. Besonders das weltweite Engagement der Firma Krupp führte dazu, daß auch seltene Stücke aus anderen Gegenden und Erdteilen in Kupferdreh zu besichtigen sind.
Das Prunkstück der Sammlung ist der eisenhaltige Kern eines Meteoriten, der vor über 60 Millionen Jahren auf die Erde fiel.

Burgruine Altendorf

ÖPNV: S1/S3/N9 E-Steele, Bus 166 Burgaltendorf Burgruine

Die imposante Anlage der Burg Altendorf wurde wahrscheinlich im 12. Jahrhundert als Sperrfeste an der alten fränkisch-sächsischen Grenze angelegt. 1501-1507 wurde die Anlage nach den damaligen Erkenntnissen modernisiert, aus dieser Zeit stammen die Ruinen der um 1750 aufgegebenen Festung. Ursprünglich war die Burg eine Wasserburg, deren Gräben durch Holzleitungen gespeist wurden. Bis zum Ende des 19. Jahrhunderts wurde die Ruine als Steinbruch benutzt.
Von März bis Ende Oktober kann die Burg freitags von 8-12, samstags und sonntags von 15-18 Uhr besichtigt werden.

Pfarrkirche Herz Jesu

Alte Hauptstraße
ÖPNV: S1/S3/N9 E-Steele, Bus 166 Brauksiepe
P: Alte Hauptstraße

Die beeindruckende Pfarrkirche der Gemeinde Burgaltendorf wurde zwar erst in den Jahren 1898-1900 gebaut, doch ist sie als relativ getreue Rekonstruktion einer romanischen Pfeilerbasilika mit Querschiff durchaus sehenswert. Hervorzuheben ist die schöne Holzdecke, sowie der geschnitzte Hauptaltar aus dem 18. Jahrhundert. Schließlich verfügt diese Kirche über eine hervorragende Akustik und eignet sich daher gut für Kirchenkonzerte.

Paulushof

Stemmering 20
ÖPNV: CE45 Endstation

In einem kleinen Museum wird seit 1985 an den Bergbau erinnert, der Heisingen 200 Jahre prägte. Neben dem Modell der letzten, 1973 stillgelegten Heisinger Zeche können bergmännische Gebrauchsgegenstände betrachtet werden. Außerdem werden Dokumente der Heisinger Ortsgeschichte ausgestellt, die einen Einblick in die Entwicklungsgeschichte dieses Stadtteils gewähren.
Öffnungszeiten: Mi 10-12 Uhr und 15-18 Uhr, So 11-12 Uhr u. nach Vereinbarung.

Ruine Burg Altendorf

Gastronomie

Restaurants

Altes Landhaus
Hammerstr. 222, Tel. 485865, Öffnungszeiten: Mo-Fr 16-24 Uhr, Sa 18-24 Uhr, So 11-24 Uhr. Tischreservierung empfohlen. Internationale, überwiegend aber deutsche Küche. Im Sommer mit Biergarten. Schönes 200 Jahre altes Fachwerkhaus.

Dario
Kupferdreher Str. 179, Tel. 482347, Öffnungszeiten: Di-So 12-14.30 Uhr, 17.30-24 Uhr, Montag Ruhetag. Italienisches Restaurant mit guter Atmosphäre. Spezialität: Fisch, selbstgemachte Nudeln.

Haus Brandenburg
Kirchstr. 67, Tel. 570806, Öffnungszeiten: Di-Sa 11-24 Uhr, So 10-24 Uhr, Montag Ruhetag. Nettes Lokal mit preiswertem Essen. Im Sommer mit Biergarten.

Hesperkrug
Im Hespertal 33, Tel. 401339, Öffnungszeiten: Mi-So 12-24 Uhr, Montag und Dienstag Ruhetag. Hübsches Lokal in der Nähe des Baldeneysees. Kegelbahn, Grill. Spezialität: Meeresfrüchte.

Kneipen

Fritz
Prinz-Friedrich-Str. 1, Öffnungszeiten: Mo-Do 19-1 Uhr, Fr, Sa 19-4 Uhr, So 10-1 Uhr. Kneipe im ehemaligen alten Bahnhof, am Wochende Tanz. Gemischtes Publikum, am Wochenende vorwiegend Jüngere. Im Sommer großer Biergarten.

Merlin
Priehlbachtal, Tel. 482185, Öffnungszeiten: Mo-Do 19-1 Uhr, Fr, Sa 19-3 Uhr, So 12-1 Uhr. Nette Kneipe mit guter Küche, im Sommer Biergarten, sonntags von 12-15 Uhr Frühstück für Langschläfer. Junges Publikum.

Ruhr-Destille
In der Lake 75, Tel. 539486, Öffnungszeiten: Mo-Do, So 19-24 Uhr, Fr, Sa 19-1 Uhr. Nette Kneipe mit guter Küche, launiges Publikum.

Cafes

Cafe Click am See
Kampmannsbrücke, Tel. 480849, Öffnungszeiten: Mo-Fr 16-1 Uhr, Sa/So 11-1 Uhr. Im Winter geschlossen. Große Terrasse direkt an der Ruhr, Szenetreff.

Eiscafe Plückthun
Byfanger Str. 2, Tel. 481457. Hier gibt's das beste Eis in ganz Essen!

Kaffeestübchen
Kupferdreher Markt 10, Tel. 485240, Öffnungszeiten: Di-Sa 9-21 Uhr, So 14-21 Uhr, Montag Ruhetag. Nette Einrichtung, im Sommer Cafeterrasse. Verschiedene selbstgebackene Kuchen.

Discos

La Cave
Überruhrer Str. 54. Gemischte Musik, vorwiegend Pop, zu später Stunde verstärkt Funk und Soul. Das Publikum ist eher jünger, aber dafür um so schicker.

Fritz
(Siehe Kneipen)

Hotels

Burg (Burgaltendorf)
Schwarzensteinweg 81, Tel. 57641. Mittlere Preislage, 60 Betten.

Hasselkuß (Heisingen)
Bonscheidter Str. 63a-65, Tel. 461559. Preisgünstig, 57 Betten.

Kaufhold (Kupferdreh)
Kupferdreher Str. 202, Tel. 481851. Preiswert, 20 Betten.

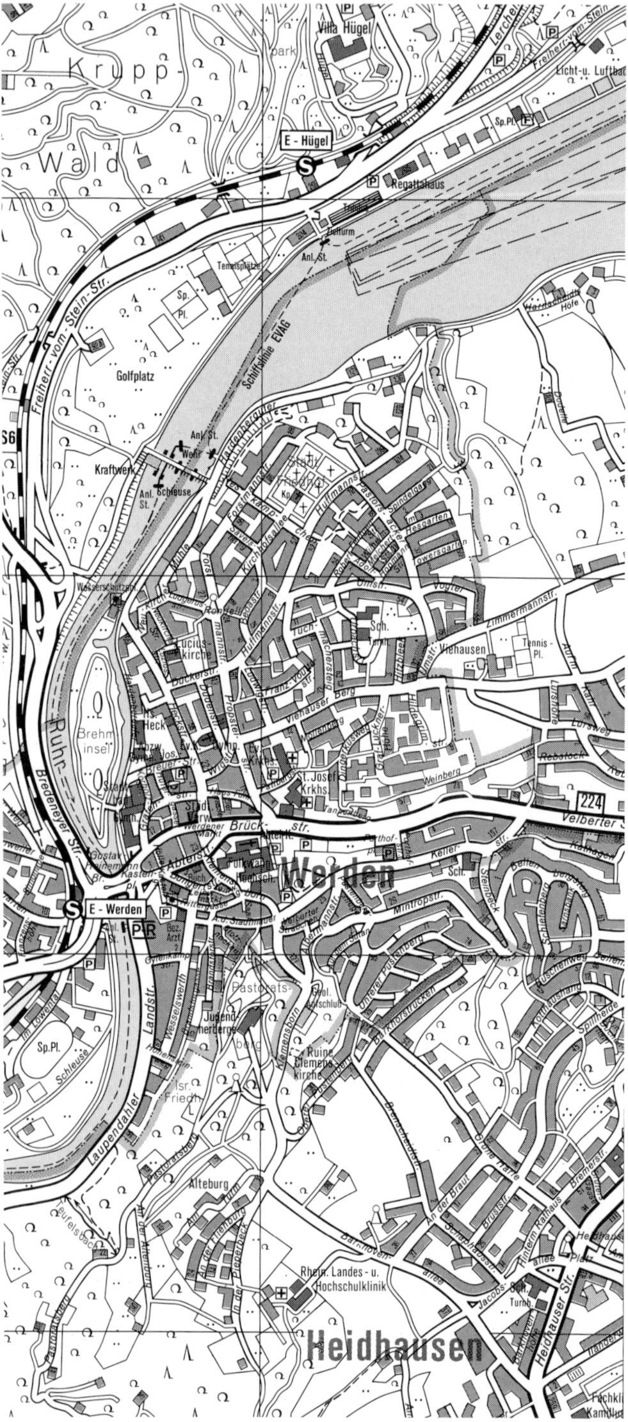
Krupp-
Wald
park
Villa Hügel
E-Hügel
Regattahaus
Freiherr-vom-Stein-Str.
Tennisplätze
Sp. Pl.
Golfplatz
Schiffslinie EVAG
Zollturm
Anl. St.
Wehr
Schleuse
Kraftwerk
Hardenbergufer
Stadt. Friedhof
Hufmannstr.
Wasserschutzpol.
Lucius-kirche
Brehm insel
Ruhr
Bredeneyer Str.
Zimmermannstr.
Viehausen
Tennis-Pl.
Weinberg
Rebstock
St. Josef Krkhs.
224
Velberter Str.
Brück-str.
Werden
E-Werden
Keller-str.
Mintropstr.
Pastorats-berg
Jugend-herberge
Ruine Clemens-kirche
Sp.Pl.
Schleuse
Landstr.
Laupendahler
Isr. Friedh.
Alteburg
Rhein. Landes- u. Hochschulklinik
Grüne Harfe
Heidhauser Str.
Heidhausen

Ehemalige Abteikirche St. Liudgerus

Werden

ÖPNV: S6 bis Werden (Brücke), Buslinie 190 bis Werdener Markt.
P: Ein Parkplatz am S-Bahnhof, zwei auf der Werdener Ruhrseite, hinter der Brücke (ausgeschildert), ein weiterer an der Ludgeruskirche.

Geschichte

Vor den Eroberungen Karls des Großen lag Werden nahe der Fränkisch-Sächsischen Grenze. Frühester Beleg für diese Grenzlage sind die Reste einer um das Jahr 700 errichteten fränkischen Fliehburg, die sogenannte „Alteburg", auf dem Werdener Pastoratsberg.
Nach seinem ersten großen Sieg über die Sachsen ernannte Karl der Große 792 den Friesen Liudger zum Missionar des westlichen Sachsenlandes. Dieser gründete um 800 ein Benediktinerkloster auf dem „Werd", dem Uferland an der Ruhr. Das Kloster in Werden ist damit älter als das Essener Stift, die Fundamente der ehemaligen Abteikirche sind älter als die der berühmten Stiftskirche.
Der später heiliggesprochene Missionar Liudger wurde nach seinem Tode als Bischof von Münster zunächst dort bestattet und erst später – seinem Wunsch entsprechend – bei dem von ihm gegründeten Kloster in Werden beigesetzt.
877 erhielt das Benediktinerkloster königlichen Schutz und eigene Gerichtsbarkeit, 974 Markt- und Münzrecht. Das Kloster hatte bedeutende, in den „Werdener Urbaren" (Güterbestandslisten) aus dem 9./10. Jahrhundert verzeichnete Be-

sitzungen in Friesland, Westfalen und am Rhein.
Im 16. Jahrhundert wurde in Werden der berühmte Codex Argenteus (Silberne Handschrift) aufgefunden, eine wahrscheinlich in Italien verfaßte Prachthandschrift (silberne Tinte auf purpurnem Pergament) des 6. Jahrhunderts, die Teile der gotischen Bibelübersetzung des Bischofs Ulfila (griechisch Ulfilas) aus dem 4. Jahrhundert enthält. Dieses wertvolle Dokument, die erste germanische Bibelübersetzung und gleichzeitig das erste germanische Schriftdenkmal überhaupt, gelangte über Prag nach Schweden und befindet sich nach einer abenteuerlichen Odyssee heute in der Universitätsbibliothek von Uppsala.
Die beiden einzigen erhaltenen, heute in London und München aufbewahrten Abschriften des Heliand, einer literarischen Verarbeitung der Evangelien in altsächsischer Sprache, dürften im 9./10. Jahrhundert in Werden angefertigt worden sein. Insgesamt hatte die bedeutende Klosterbibliothek mehr als 10.000 Bände enthalten. Bei der Säkularisierung der Abtei 1803 gingen sie allerdings völlig verloren.
Im Dreißigjährigen Krieg wurden Kloster und Stadt Werden mehrfach von fremden Soldaten besetzt und geplündert. Nach dem Krieg gelangte es ebenso wie Essen unter die Schirmvogtei Preußens und wurde 1802 Preußen einverleibt. Wirtschaftlich bedeutend war in Werden, neben dem Kohlenabbau, vor allem die Tuchmacherei. 1929 wurde Werden nach Essen eingemeindet.

Probsteikirche St. Liudger

(ehemalige Benediktiner-Abteikirche)
Brückstraße

Auf einem Hügel unmittelbar südlich des Stadtkerns liegen die Gebäude der ehemaligen Benediktinerabtei Werdens. Schon von der Brücke aus fällt sofort die großartige Liudgeruskirche (die ehemalige Abteikirche) ins Auge.
Neben der Münsterkirche ist dieser spätromanische Bau, dessen Fundamente älter als die der Münsterkirche sind, zweifellos das kunsthistorisch bedeutendste Baudenkmal des Mittelalters in Essen. An der Schwelle von der Romanik zur Gotik stehend (sogenannter „rheinischer Übergangsstil"), gilt sie als eines der schönsten romanischen Sakralbauwerke Deutschlands.
Das Westwerk der Abteikirche war ursprünglich eine eigene Kirche, die sogenannte „Marienkirche", die seit dem 14. Jahrhundert „Peterskirche" genannt wurde. Dieser Teil ist der älteste erhaltene Teil der Abteikirche, er wurde 943 geweiht. Man kann – besonders von außen – deutlich den Unterschied zwischen dem quadratischen Zentralbau des Westwerks und den spätromanischen, schon gotische Elemente enthaltenden, übrigen Teilen des Baues erkennen. Die Ostkirche war um 875 nahe dem Grab des Klostergründers gebaut worden, wurde aber im 12. und 13. Jahrhundert durch Feuer zerstört. 1257-1275 wurde die Kirche in ihrer heutigen Gestalt unter Einbeziehung der Peterskirche und der Ringkrypta von Abt Alberto, Graf von Tecklenburg, errichtet. Die Weihe nahm der Kölner Bischof und berühmte Gelehrte Albertus Magnus im Jahr 1275 vor.
Die Gewölbe des Langhauses und der Vierung, sowie die Rosettenfenster weisen im Innern deutlich auf die zeitliche und stilistische Nähe des Baus zur Gotik hin – der Kölner Dom, die zweifellos bedeutendste gotische Kirche in Deutschland, war ja bereits im Jahr 1248 begonnen worden. Der Vierungsturm – das Gegenstück zum Westwerk – wird von seinem quadratischen Grundriß durch abgeschrägte Kanten in ein Oktogon (Achteck) überführt. Jede der acht Seiten ist von einem gotischen Fenster durchbrochen, der Dachhelm verdoppelt noch einmal die Flächenzahl.

Ein Sonn(en)tag am Baldeneysee

Bemerkenswert im Innern sind die alten Tonnengewölbe des Westwerks, deren Emporen mit Doppelarkaden auf die Entstehungszeit dieses Teils der Kirche zurückverweisen. Auf den Emporen (besonders der südlichen) finden sich noch Reste der alten Wandmalereien.
Die spätromanische Emporenbasilika des 13. Jahrhunderts ist durch einen Quergurt in zwei Doppeljoche geteilt, über den zweiteiligen Emporenöffnungen mit Spitzbogenblenden reihen sich im Obergaden Rosettenfenster. Diese Raumaufteilung setzt sich im Chor fort. Die von außen auffallende Flächenverdopplung des Vierungsturms ist auch von innen deutlich erkennbar.

Krypten

Die ältere Ringkrypta unter dem Hauptaltar birgt die Gebeine des bald nach seinem Tode heiliggesprochenen Missionars und Klostergründers Liudger. Diese Grabstelle wird auch „locus aboris" („Ort des Baums") genannt, denn einst soll Liudger hier mit einem Schüler unter einem Baum gesessen und sich gewünscht haben, hier beerdigt zu werden. Im 11. Jahrhundert wurde an diese Krypta eine Außenkrypta, die sogenannte „Liudgeridenkrypta" angebaut. Diese 1059 geweihte Krypta ist eine Halle mit drei mal drei Kreuzgewölben, die von acht Wandpilastern und vier Säulen getragen werden. Bemerkenswert ist der Mosaikfußboden in der Grabkammer aus der zweiten Hälfte des 11. Jahrhunderts sowie die Wandgestaltung der Liudgeridenkrypta durch Ausnischungen.

Schatzkammer

(Geöffnet täglich von 10-12 und 15-17 Uhr, Montag geschlossen)
Die Schatzkammer der Liudgeruskirche befindet sich südlich hinter der Außenkrypta in einem ehemaligen Abteigebäude.

Werden im 16. Jahrhundert

Die wertvollsten Stücke sind eine spätantike Elfenbeinpyxis (Behälter für Hostien oder Reliquien) mit zwei Reliefs der Geburt Christi und der Verkündigung an die Hirten aus dem 5. Jahrhundert, ein fränkischer Reliquienkasten aus dem 8. Jahrhundert, der als Tragaltar des hl. Liudger gilt, und dem sogenannten „Liudger-Kelch" aus dem 9. Jahrhundert, einem der ältesten erhaltenen liturgischen Gefäße überhaupt. Außerdem verdient das Werdener Bronzekruzifix, das zu den bedeutendsten und schönsten Bildwerken des 11. Jahrhunderts gehört, besondere Beachtung.

Folkwang-Hochschule

(ehemalige Abtei)
Klemensborn 39
Tel: 4903-0

Durch einen prächtigen Torbogen, der von einem Kopf gekrönt wird, der dem Besucher genüßlich grinsend die Zunge herausstreckt, gelangt man in den Innenhof der eigentlichen Abtei. Die barocke Anlage aus den Jahren 1750-1764 läßt noch heute den Reichtum des Klosters erahnen. Vor der Säkularisierung allerdings schützte er die Abtei nicht, und so dienten die Gebäude 1811-1928 als preußisches Zuchthaus. Seit 1964 ist in ihnen die Folkwang-Hochschule für Musik, Theater und Tanz untergebracht.
Der Name „Folkwang" geht auf den verdienstvollen Hagener Mäzen und Kunstsammler Karl-Ernst Osthaus (1874-1921) zurück; er stammt aus der Edda und bedeutet soviel wie „Halle des Volkes". Die 1927 von Kurt Joos, Rudolf Schulz-Dornburg und Max Fiedler gegründete Folkwang-Schule (inzwischen Hochschule) wurde 1932 durch das Tanzdrama „Der grüne Tisch" von Kurt Joos berühmt.

Pastoratsberg

Die Reste der bereits erwähnten fränkischen Fliehburg finden sich im Bereich der heutigen Jugendherberge. Allerdings sind nur noch wenige Wallreste der einst großen Anlage (ca. 400 X 200 m) zu entdecken.
In unmittelbarer Nähe finden sich auch die Grundmauern der ehemaligen Clemenskirche (geweiht 957), die wahrscheinlich über einem germanischen Quellheiligtum errichtet wurde. Die Quellen sind noch heute vorhanden, daher der Straßenname „Klemensborn".
An dieser Straße liegt auch ein geologischer Aufschluß, der den Endpunkt des „geologischen Wanderwegs" von Heisingen aus bildet.

Historischer Stadtkern

Werden gehört zu den wenigen Essener Stadtteilen, die noch einen historischen Stadtkern haben. Besonders in der Fußgängerzone hat sich Werden einen gewissen Charme bewahrt, ohne dabei provinziell zu

wirken. In den liebevoll restaurierten Häusern sind gutsortierte Geschäfte, Gasthäuser und Restaurants zu finden.
Empfehlenswert ist der Gang durch die Heckstraße: vorbei an dem alten Rathaus aus dem 19. Jahrhundert und der Hirsch-Apotheke aus dem 16. Jahrhundert kommt man auf dem Weg zum Baldeneysee zum Haus Heck (heute ein Jugendhaus) mit einem Rundturm aus dem 11. Jahrhundert und zur Luciuskirche.

Luciuskirche

Luciusstraße

Die dreischiffige romanische Pfeilerbasilika aus dem 11. Jahrhundert, mit dem westlichen Hauptturm aus dem 12. Jahrhundert gilt als die älteste Pfarrkirche diesseits der Alpen und eine der ältesten erhaltenen Pfarrkirchen (im Gegensatz zu Abtei- oder Bischofskirchen) Deutschlands.
Dieser schlichte, wehrhaft wirkende Bau hat eine sehr wechselvolle Geschichte hinter sich: Im ottonischen Stil nach dem Vorbild des Essener Münsters der Äbtissin Theophanu erbaut, wurde die Kirche 1063 geweiht. 1803 wurde sie profaniert und in ein Wohnhaus umgewandelt. 1959 wurde die Restaurierung des stark verfallenen Bauwerks in Angriff genommen und 1965 konnte sie erneut geweiht werden. Seitdem dient sie wieder als Pfarrkirche. Vor und nach den Gottesdiensten ist es möglich, die Kirche zu besichtigen.
Von den Fresken des 11. Jahrhunderts, mit denen die Kirche einst völlig ausgemalt war, sind leider nur noch Fragmente zu sehen, die Einzelgestalten (Heilige und Äbte) darstellen. Hervorzuheben ist daneben die Raumaufteilung (dreigeschossige Gliederung der Chorwände, wie im Essener Münster), sowie die Rekonstruktion und Restauration der alten Säulenkapitelle.
Hinter der Luciuskirche befindet sich der alte, nun zu einem Park umgestaltete, Neukircher Friedhof (einige schöne Grabsteine sind dort stehengelassen worden).
Folgt man der Heckstraße weiter, so gelangt man an die Neukircher Schleuse und schließlich an den Baldeneysee.

Neukircher Schleuse

Hardenbergufer

Unterhalb des Stauwehres des Baldeneysees liegt romantisch verborgen die Neukircher Schleuse, die letzte erhaltene von ehemals 14 Schleusenanlagen aus den Jahren 1776 bis 1778. Zu Beginn des 19. Jahrhunderts wurde die Ruhr – als Transportweg für die Kohle – zum meistbefahrenen Fluß Europas. Bis zum Bau des Baldeneysees erfüllte auch diese Schleuse noch ihren Zweck. Gegen Ende des 19. Jahrhunderts wurde der Kohletransport zunehmend auf die Schiene verlagert, weshalb die Schleusen später nicht mehr ausgebaut wurden.

Baldeneysee

Das heutige Paradies der Essener Wassersportler wurde 1931-1933 von etwa 100.000 arbeitslosen Essenern in einer Arbeitsbeschaffungsmaßnahme erbaut. Haupteffekt war dabei die Gewinnung eines Trinkwasserreservoirs. Diese Staustufe dient dazu, die Fließgeschwindigkeit der Ruhr zu verringern, damit sich Schwebstoffe absetzen können und dadurch das Wasser sauberer wird.
Im Sommer ist der Baldeneysee der große Magnet für alle Sonnenhungrigen, auch wenn man seit der Schließung des alten Strandbades nicht mehr im See schwimmen kann. Dafür entschädigen die vielfältigen Möglichkeiten um den See herum: Ausflugslokale, Wander- und Radwege, Grillplätze. Außerdem kann man sich natürlich auch aufs Wasser begeben, die Schiffe der „weißen Flotte" verkehren auf

Eingang zur Folkwangschule (ehemalige Abtei)

dem See von Ende April bis Ende September, täglich von 10 bis 19 Uhr, im Stundentakt. Normalerweise wird eine Rundfahrt auf dem See angeboten (Dauer ca. 2 Std.), Aus- und Einstieg ist an jeder der Anlegestellen möglich, Strecke: Wehr – Hügel – Baldeney – Haus Scheppen – Heisingen – Kupferdreh.
Während der Sommerferien werden bei gutem Wetter auch Fahrten auf der Ruhr angeboten. Informationen hierzu, sowie zu den Fahrpreisen unter Tel.: (0201) 826-1234

Galerien

Galerie Aviva
Bungertstr. 21, Tel. 494745, Öffnungszeiten: Mo, Di, Do, Fr 9-18 Uhr, Mi 14-18.30 Uhr, Sa 9.30-14 Uhr u. nach Vereinbarung.
Graphik, Malerei, Skulpturen und Rahmen.

Galerie Dagmar Reimus
Velberter Str. 81, Tel. 408440, Öffnungszeiten: Di-Fr 10-13 Uhr und 15-18 Uhr, Sa 10-13 Uhr. Zeitgenössische Malerei und Skulpturen.

Galerie Hermann
Heckstr. 3, Tel. 493789 u. 493987, Öffnungszeiten: Mo-Fr 9.30-13 Uhr und (außer Mi) 15-18.30 Uhr, Sa 10-13 Uhr. Aquarelle und Gemälde, klassische und moderne Graphik und Rahmen.

Gastronomie

Restaurants

Am Kamin
Leinewebermarkt 7, Tel. 491736, Öffnungszeiten: Tgl. 12-15 Uhr, ab 17.30 Uhr. Spezialitäten nach Saison. Schöne altdeutsche Einrichtung.

Andalucia
Neukircher Mühle 26, Tel. 400377, Öffnungszeiten: Mo-Sa 18-24 Uhr,

Werdener Markt

So 12-14.30 Uhr, 18-24 Uhr. Kleines, gemütliches spanisches Spezialitätenrestaurant der gehobenen Preisklasse. Einmal im Monat Flamenco-Abend. Spezialität: Paella.

Châlet Suisse
Abteistraße 9, Tel. 491524, Öffnungszeiten: Mo-Sa 18-24 Uhr, Sonn- u. Feiertage 12-15 Uhr und 18-23 Uhr. Rustikal-gemütliches Ambiente, ausgewählte eidgenössische Spezialitäten zu angemessenen Preisen, hier wird noch jeder Gast mit Handschlag begrüßt.

Dicker Engel
Im Löwental 43, Tel. 494739, Öffnungszeiten: Tgl. 18-1 Uhr. Französische, italienische und deutsche Küche, gehobenes Preisniveau. Biergarten und Kneipe ebenfalls zu empfehlen. Schicki-Micki-Treffpunkt.

Pizzeria Tre Scalini
Heidhauser Str. 50, Tel. 404593, Öffnungszeiten: So-Fr 12-14.30 Uhr, 18-23.30 Uhr, Sa 18-23.30 Uhr. Tischreservierung empfohlen, Gemütliches Spezialitätenrestaurant mit mittlerem bis hohem Preisniveau, im Sommer Biergarten. Spezialität: gefüllte Champignons, verschiedene Salatteller, Nudeln.

Ratskrug
Heidhauser Str. 196, Tel. 402434,

Öffnungszeiten: Di-So 11-24 Uhr, Montag Ruhetag. Tischreservierung empfohlen. Internationale, gute Küche, Kegelbahn.

Rondo Veneziano
Laupendahler Landstr. 11, Tel. 491654, Öffnungszeiten: Di-So 12-14.30 Uhr, 18-23 Uhr, Sa 18-23 Uhr, Montag Ruhetag. Italienisches Spezialitätenrestaurant der gehobenen Preisklasse, keine Pizza. Spezialität: Mittelmeerfisch.

Kneipen

Arche Noah
Klemensborn 68, Tel. 491121, Öffnungszeiten: Tgl. 18-1 Uhr. Ausgeflippter Künstlertreff, regelmäßig klassische Livemusik.

Dicker Engel
Im Löwental 43, Tel. 494739, Öffnungszeiten: Tgl. 18-1 Uhr. Nette Szene-Kneipe mit gutem Restaurant (ital., franz., deutsche Küche). Im Sommer großer Biergarten.

Haus Löwntal
Im Löwental 15, Tel. 494077, Öffnungszeiten: Mo-Sa 18-1 Uhr, So 10-1 Uhr. Urige Kneipe mit gutbürgerlicher Küche, auch vegetarisch. Livemusik, im Sommer Biergarten.

Kaiser Friedrich
Forstmannstr. 27, Tel. 407039, Öffnungszeiten: Di-So 18-1 Uhr, Montag Ruhetag. Die Inneneinrichtung erinnert an eine ungeordnete Museumsausstellung, Bratkartoffelgerichte können sehr empfohlen werden.

Le Journal
Ludgerusstr. 3, Tel. 409663, Öffnungszeiten: Do-Di 19-1 Uhr, Mittwoch Ruhetag. Wechselnde Kunstausstellungen, manchmal Livemusik.

Cafes

Cafe Werden (früher Döllken)
Bungertstr. 10, Tel. 493366, Öffnungszeiten: Di-Sa 9-18 Uhr, So 14-18 Uhr. Gepflegte Atmosphäre, am ersten Sonntag des Monats Werdener Sonntagsfrühstück.

Hotels

Broichhausen
Auf'm Kahr 4, Tel. 401154. Preisgünstig, 10 Betten.

Meiser
Forstmannstr. 49, Tel. 405118. Mittlere Preislage, 8 Betten.

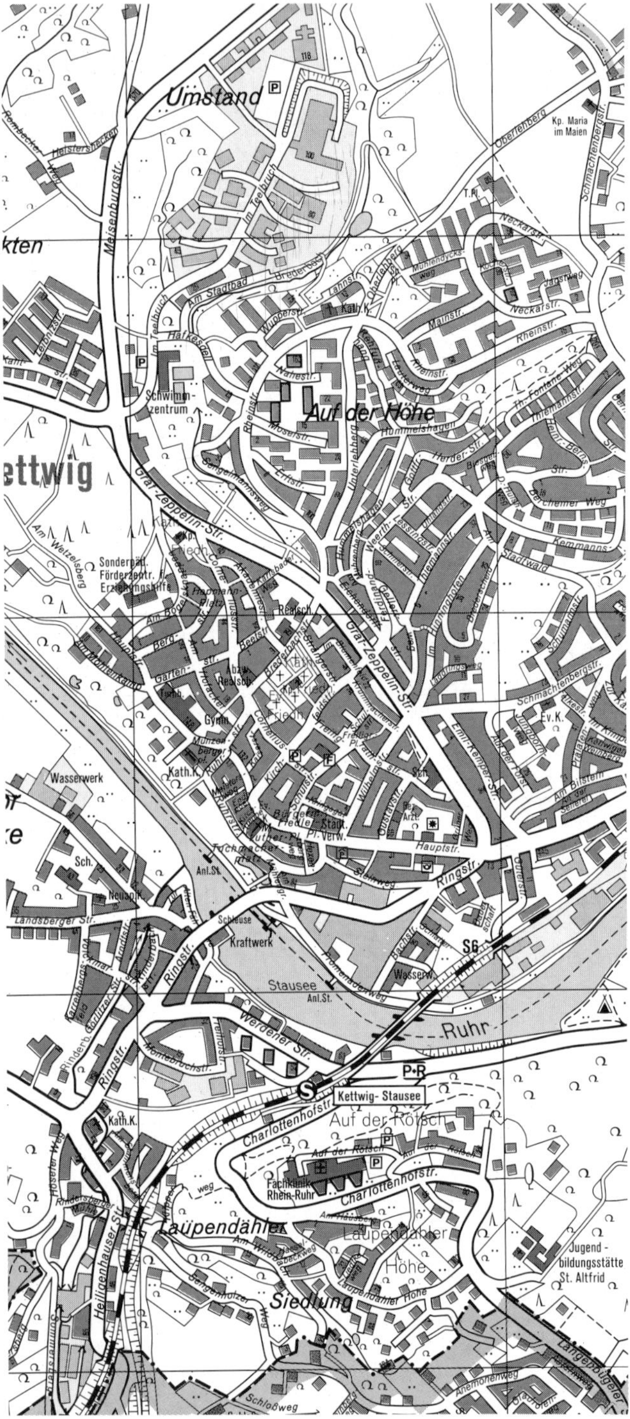
Umstand
Kp. Maria im Maien
Oberlehnberg
Schmachtenbergstr.
Meisenburgstr.
Im Teelbruch
Heisterhacken
Rombecker Weg
Neckarstr.
Jagstweg
Mainstr.
Rheinstr.
Am Stadtbad
Bredenbach
Lahnstr.
Wupperstr.
Kath.K.
Hafkesdell
Schwimm-zentrum
Nahestr.
Auf der Höhe
Moselstr.
Hummelshagen
Th.-Fontane-Weg
Thiemannstr.
Herder-Str.
Unterlehnberg
Eifelstr.
Sengelmannsweg
Graf-Zeppelin-Str.
Gotthelf-Str.
Lessingstr.
Kemmanns-
Am Stadtwald
Am Wetzelsberg
Sonderpäd. Förderzentr. f. Erziehungshilfe
Realsch.
Hauptstr.
Berg-
Garten-
Gymn.
Kath.K.
Wasserwerk
Sch.
Neuapl.
Anl.St.
Landsberger Str.
Schleuse
Kraftwerk
Stausee
Ringstr.
Promenadenweg
Wasserw.
S6
Ruhr
Werdener Str.
P+R
Kettwig-Stausee
Charlottenhofstr.
Auf der Rötsch
Fachklinik Rhein-Ruhr
Laupendahler
Siedlung
Laupendahler Höhe
Heiligenhauser Str.
Jugend-bildungsstätte St. Altfrid
Emil-Kemper-Str.
Ev.K.
Am Bilstein
Schmachtenbergstr.
Schumannstr.
Anemonenweg
Schloßweg
Langenbügeler
ettwig
kten

Die Kirchtreppe mit ihren alten Fachwerkhäusern

Kettwig

Eine Siedlung „Katwik" wurde 1052 erstmals urkundlich erwähnt. Der Name bedeutet entweder „Katzensiedlung" (vergl. auch „Kattenturm") oder „Siedlung an einer Flußkrümmung", da streiten sich die Gelehrten. Vom 13. bis ins 17. Jahrhundert kam der Kettwiger Ruhrbrücke eine wichtige strategische Bedeutung zu, 1635 wurde die Brücke zerstört und erst 1865 wiedererrichtet.
Da die Kohle südlich der Ruhr nah an der Erdoberfläche liegt, ist in Kettwig schon sehr früh danach gegraben worden – zunächst im Tagebau, den sogenannten „Pützen". Urkundlich belegt ist der Abbau von Kohle seit 1520, um 1900 wurde die Kohleförderung aufgegeben.
Ein weiterer wichtiger Wirtschaftszweig in Kettwig war die Tuchmacherei. Gegen Ende des 18. Jahrhunderts entstand hier eine der ersten Tuchfabriken Deutschlands.
Gegen die Eingemeindungswelle von 1929 konnte Kettwig sich behaupten. Erst 1975 wurde es – gegen den Willen der Einwohner – nach Essen eingemeindet und ist damit der jüngste der Essener Stadtteile.

Kettwiger Altstadt

ÖPNV: S6 Kettwig, Bus 190 Kettwiger Markt
P: S-Bf, Hauptstr., Kirchfeldstr.

Der Turm der – heute evangelischen – Marktkirche stammt noch aus dem 14. Jahrhundert, das Kirchenschiff wurde im 18. Jahrhundert erneuert. Die Eiche vor der Kirche

wurde 1917 zur 400-Jahr-Feier des Wittenberger Thesenanschlags gepflanzt. Besonders schön sind die schieferverkleideten Häuser am Martin-Luther-Platz und die Fachwerkhäuser an der Kirchtreppe, die früher die Verbindung zwischen Oberdorf und Unterdorf darstellte. Kettwig hat sich seinen Charakter als typisches Bergisches Städtchen erhalten können. An der Ruhrstraße liegt die „Alte Apotheke" mit einer Fassade von 1780, sowie die Gaststätte „Parlament" von 1645, deren Namen aus der Zeit der Revolution von 1848 stammt, als hier wilde politische Debatten stattfanden.
Weiter oberhalb an der Ruhrstraße liegt die katholische Pfarrkirche St. Peter, die von 1826 bis 1830 erbaut wurde. Die Baupläne zu dieser Kirche erhielten ihren letzten Schliff durch Karl Friedrich Schinkel. Sie steht damit für die typisch preußische Architektur des frühen 19. Jahrhunderts. Die barocke Innenausstattung und die Fenster stammen aus dem Katharinenkloster Gerresheim bei Düsseldorf.

Schlösser Hugenpoet und Landsberg

August-Thyssen-Straße
ÖPNV: S6 Kettwig, Bus 182 Schloß Hugenpoet

Nur 500 Meter voneinander entfernt liegen die Schlösser Landsberg und Hugenpoet an der August-Thyssen-Straße.
Landsberg wurde – wahrscheinlich zum Schutz der Kettwiger Brücke – um 1276 durch die Grafen von Berg erbaut. Im 17. und 18. Jahrhundert wurde die ehemalige Burg zum Landsitz ausgebaut, 1903 erwarb August Thyssen Landsberg und bewahrte das Schloß vor dem Verfall. Leider ist die Anlage, die heute als evangelische Bildungsstätte dient, nur von außen zu besichtigen.
Die barocke Anlage des Wasserschlosses Hugenpoet wurde zwischen 1647 und 1696 errichtet und hat seither seine Gestalt unverändert behalten. Die Innenausstattung ist ebenfalls sehr gut erhalten, hingewiesen sei auf die berühmten Renaissancekamine aus dem 16. Jahrhundert, die Fürstenbergsche Gemäldesammlung (16./17. Jahrhundert) sowie Portal und Treppenhaus aus dem sehr seltenen schwarzen Ratinger Marmor.
Berühmt ist auch die Orchideen- und Obstzucht auf Hugenpoet. Das Schloß dient heute als Hotel mit Restaurant der Luxusklasse.

Schloß Oefte

Werdener Straße
ÖPNV: keine Verbindung

Zwischen Kettwig und Werden liegt am Südufer der Ruhr das Schloß Oefte. Als Haupthof der Abtei Werden geht seine urkundliche Erwähnung bis ins 9. Jahrhundert zurück. In den Grundmauern des heutigen Gebäudes, das im wesentlichen aus dem 19. Jahrhundert stammt, sind noch Teile aus dem 12./13. Jahrhundert erkennbar. Schloß Oefte gehört heute dem Golfklub Oefte.

Ruine Kattenturm

Am Kattenturm
ÖPNV: S6 E.-Werden, Bus 190 Kattenturm

Gegenüber Schloß Oefte liegt auf dem nördlichen Ufer der sogenannte „Kattenturm", eine romantisch gelegene Ruine, die wahrscheinlich einmal zur Burg Lüttelnau gehörte, die im 13. Jahrhundert zerstört wurde.
Der Name bedeutet „Katzenturm" und entstammt wahrscheinlich der Sage, daß im Turm ein von Katzen bewachter Schatz liege. In den Bereich der Sage gehört auch die Geschichte, diese Burg sei die Geburtsstätte Kaiser Ottos III. (geb. 983). Etwa 400 Meter vom Turm Richtung Werden liegt übrigens ein interessanter geologischer Aufschluß.

Das Wasserschloß Hugenpoet

Kettwiger Stausee

Einen Platz der Ruhe und Entspannung bietet der 1949 fertiggestellte Ruhrstausee. Zu beiden Seiten erheben sich bewaldete Gebiete, der Ruhrhöhenweg führt eine Vielzahl von Ausflüglern durch das Ufergebiet und ermöglicht einen schönen Ausblick auf das oben erwähnte Schloß Landsberg.

Galerien

Galerie Stelzner & Rading
Corneliusstr. 58, Tel. 02054/82478, Öffnungszeiten: Do-Fr 16-19 Uhr, Sa 11-14 Uhr u. nach Vereinbarung. Moderne Kunst.

Gastronomie

Restaurants

Ange d'Or
Ruhrtalstr. 326, Tel. 02054/2307, Öffnungszeiten: Di-Sa 19-24 Uhr. Tischreservierung erforderlich. Seit über 20 Jahren „das" französische Spezialitätenrestaurant im Ruhrgebiet.

Parlament
Ruhrstr. 69, Tel. 02054/82362, Öffnungszeiten: Mi-Mo 12-14 Uhr und 17-24 Uhr, Dienstag Ruhetag. Einzigartige, von alten regionalen Gerichten bestimmte Speisekarte, gemütliche Innenausstattung. Das Parlament existiert schon seit 230 Jahren. Spezialität: Hausgemachter Panhas, „Rosenkränz" und „Pillekoochen".

Ein bergisches Städtchen: Kettwig an der Ruhr

Residence
Auf der Forst 1, Tel. 02054/8911, Öffnungszeiten: Di-Sa 18.30-24 Uhr. Internationale Spitzenküche. Spezialität: Lamm und Fisch.

Schloß Hugenpoet
August-Thyssen-Str. 51, Tel. 02054/12040, Öffnungszeiten: Tgl. 12-14.30 Uhr und 18.30-21.30 Uhr. Exklusive französische Küche in historischen Räumen.

Seeblick Kettwig
Auf der Rötsch 11, Tel. 02054/4556, Öffnungszeiten: Tgl. 10-24 Uhr. Schöner Blick auf den Baldeneysee, im Sommer Biergarten. Mittleres Preisniveau. Spezialität: Fischgerichte.

Kneipen

Podium
Kirchtreppe 8, Tel. 02054/80657, Öffnungszeiten: Tgl. 19-1 Uhr. Urige Kneipe im historischen Zentrum Kettwigs.

Cafes

Kirschbaum
Hauptstr. 104, Tel. 02054/2781, Öffnungszeiten: Tgl. 10-1 Uhr. Gemütliches Cafe im Zentrum Kettwigs. Verschiedene Torten, Eis.

Hotels

Hotel Diening
Kirchfeldstr. 34, Tel. 02054/4577. Mittlere Preislage, 25 Betten

Residence
Auf der Forst 1, Tel. 02054/8911. Gehobene Preislage, 33 Betten.

Schloß Hugenpoet
August-Thyssen-Str. 51, Tel. 02054/12040. Gehobene Preislage, 33 Betten.

Schmachtenbergshof
Schmachtenbergstr. 157, Tel. 02054/8933. Preisgünstig, 43 Betten.

Die Tips der Autoren

1. Heinrich Heine Buchhandlung
Viehofer Platz 8, Tel. 820700 und im Grillo-Theater. Buchhandlung und Modernes Antiquariat. Freundliche und kompetente Bedienung, Bestellungen können in der Regel am nächsten Tag abgeholt werden, guter Kontakt zur Universität.

2. Franziskus Keller
I. Weberstr. 6 Tel. 232128, Öffnungszeiten: Mo-Sa 11-1, So 17-1 Uhr. Preiswertes Essen in rustikaler Atmosphäre.

3. Pinocchio
Essen mit allen Sinnen, bei netten Gästen wird schon mal ein teurer Grappa spendiert.

4. Programmkino Eulenspiegel
Das Filmprogramm und die Atmosphäre lassen bei jedem begeisterten Cineasten das Herz etwas schneller schlagen.

5. Kreuzgang und Garten der Münsterkirche
Mitten in der City wird jedem die Möglichkeit geboten, sich durch einen gemütlichen Spaziergang oder einem anregenden Gespräch (nur im Garten!) in ruhiger Umgebung zu erholen.

6. Stoppenberg
Ein Stadtteil für Romantiker und Träumer.

7. Flohmarkt auf dem Universitätsparkplatz
Für alle Liebhaber von Gebrauchtwaren und Antiquitäten ist dieser regelmäßig stattfindene Flohmarkt eine Pflichtveranstaltung. Parkplätze sind rund um die Uni vorhanden.

8. Sonderküche der Uni-Mensa
Universität Essen, Gebäude an der Bottroper Straße. Ausbildungsküche, zugänglich für Jederfrau und Jedermann, gut und günstig – kein Mensa-Essen!

9. Zeche Carl
Interessante Veranstaltungen und eine wunderbare Stimmung an lauen Sommerabenden.

10. Heimspiele des Rot-Weiß-Essen
Georg-Melches-Stadion an der Hafenstraße. Für jeden richtigen Fußballfan ist ein Nachmittag mit „Lothar" Pflicht.

Zur Geschichte der Stadt

Alt, aber unscheinbar – Essen bis ins 19. Jahrhundert

Am Anfang der Geschichte Essens steht der Name des Hildesheimer Bischofs Altfrid, der um die Mitte des 9. Jahrhunderts auf seinem Landgut „Astnide" ein Kanonissenstift für Damen des sächsischen Hochadels gründete. Die teilweise dem Kaiserhaus entstammenden Adelstöchter, die hier erzogen wurden und lebten, waren jedoch keine Nonnen. Sie durften ihren Besitz behalten und konnten das Stift jederzeit wieder verlassen.

Der Name wandelte sich über die Jahrhunderte zu Assindia, Essend(e) und schließlich zu seiner heutigen Form.

Die Stadtgeschichte selbst ist in den folgenden Jahrhunderten vor allem durch die Frauenherrschaft der über das umgebende Territorium waltenden Stiftsäbtissin geprägt. So wurde das 1041 von König Heinrich III. an die Äbtissin Theophanu verliehene Marktrecht zur Siedlungsgrundlage. Schon bald darauf ließen sich neben Handwerkern auch Kaufleute vor den Mauern des Stifts nieder. 1244 wurde dann die neue Stadt durch eine Mauer befestigt, blieb aber unter der Hoheit der Äbtissin. Erst im 14. Jahrhundert änderte sich dieser Zustand und die Stadt, vertreten durch den erstmals 1272 urkundlich erwähnten Rat, rang der Landesherrin in Form der von Kaiser Karl IV. 1377 verliehenen Privilegien einer reichsunmittelbaren Stadt allmählich eine gewisse Unabhängigkeit ab. Den Status einer freien Reichsstadt jedoch, um den sich Essen in einem nahezu vierhundertjährigen Rechtsstreit mit der Äbtissin bemühte, erhielt die Stadt nie. Um 1380 hatte Essen etwa 3.000 Einwohner, um 1830 etwa 5.000. Der Ort war und blieb also vom 14. bis ins 19. Jahrhundert eine Kleinstadt.

Der Dreißigjährige Krieg wütete in Essen gleich auf zweifache Weise heftig. Einerseits standen sich eine evangelische Bevölkerung und die katholische Äbtissin gegenüber. Dieser Konflikt gipfelte darin, daß die von 1614 bis 1644 amtierende Maria Clara von Spaur 1628 fremde Truppen gegen die aufbegehrenden Bürger einsetzte und sogar die Kanzel der wieder in Besitz genommenen Marktkirche auspeitschen ließ, auf daß die Ketzerei aus ihr entweiche. Andererseits hinterließen Besetzungen und Plünderungen durch das Land ziehender Heere große Zerstörungen. Am Ende standen von den ursprünglich 800 Häusern der Stadt nur noch 300, und die Stadt hatte 600.000 Reichstaler Schulden bei einer jährlichen Einnahme von etwa 3.000 Reichstalern.

Schirmvogt der Stadt war seit 1648 der „Große Kurfürst" Friedrich Wilhelm von Brandenburg, und so ist es

Der Heckingturm – der letzte Turm der Essene er Stadtbefestigung – wird 1864 abgerissen.

nicht verwunderlich, daß Essen und seine Umgebung nach der Säkularisierung des Stiftes 1803 als Entschädigung für die an Frankreich gefallenen linksrheinischen Gebiete preußisch wurde.

Kohle und Stahl – Essen wird Großstadt

Die rasante Entwicklung der Stadt im Industriezeitalter beruhte vor allem auf den reichen Kohlevorkommen in der Region. Während die Steinkohle in England schon seit dem 9. Jahrhundert in Gebrauch war, wird ihre Nutzung in Essen erstmals 1317 erwähnt. Die Gewinnung geschah meist im Tagebau und im Schachtbau. Von diesen Schächten, die „Pütze" genannt wurden, leitet sich die Bezeichnung „Pütt" für Zeche her. Der heute übliche Stollenbau, wie er noch bis 1986 in Essen betrieben wurde, kam hier erst im 17. Jahrhundert auf.

Die Hauptabnehmer der Steinkohle waren zunächst die Schmiede, da die Kohle für die offene Küchenfeuerung wegen der starken Rauchentwicklung nur schlecht brauchbar war. Diese Schmiede wiesen einen weiteren Weg in Essens Zukunft: Die Herstellung von Waffen. Seit dem 15. Jahrhundert war Essen als Stadt der Büchsenmacher bekannt, das Gewerbe erlebte jedoch im 18. Jahrhundert seinen Niedergang. Als 1824 die letzte Büchse in Essen hergestellt wurde, hatte das Industriezeitalter bereits begonnen.

Der Bergbau wurde durch den Einsatz von Dampfmaschinen revolutioniert, die das Grundwasser in großen Mengen abpumpen konnten und damit den Kohleabbau in größerer Tiefe erlaubten. In Essen war diese Entwicklung mit dem Namen Franz Dinnendahl verknüpft, der 1803 seine erste Dampfmaschine für die Zeche Wohlgemuth bei Kupferdreh konstruierte – rund 100 Jahre nachdem in England Dampfmaschinen Einzug in den Bergbau gehalten hatten.

Der zweite große Essener Industriepionier schließlich gründete 1811 in Altenessen jene Fabrik, deren Name bis heute mit der Stadt in Verbindung gebracht wird, es war Friedrich Krupp (1787 – 1826). Neben einem qualifizierten Verfahren zur Gußstahlherstellung hinterließ er seinem Sohn allerdings einen riesigen Schuldenberg.

Dieser Sohn, Alfred Krupp (1812 – 1887), der als Vierzehnjähriger die Fabrik seines Vaters übernahm, machte sie zu einem der bedeutendsten Unternehmen der Welt und Essen damit zum Zentrum der rheinisch-westfälischen Schwerindustrie: 1826 begann er mit 7 Arbeitern, bei seinem Tode waren es 20.200. Die Bevölkerung Essens war mit der Firma gewachsen: Sie vervielfachte sich in diesem Zeitraum von etwa 5.000 auf 75.000. 1890 arbeitete gar jeder fünfte Essener bei Krupp. Neben den wirtschaftlichen Erfolgen waren jedoch auch die sozialen Leistungen Krupps für die Entwicklung der Stadt von großer Bedeutung. Der „Kruppianer“ – wie die Krupp-Arbeiter noch heute genannt werden – war wirtschaftlich seit den 50er Jahren des 19. Jahrhunderts durch Kranken-, Sterbe- und Pensionskassen abgesichert. Außerdem schuf Alfred Krupp Werkswohnungen, Krankenhäuser und sogar eigene Schulen – eine autonome „Stadt Krupp“ entstand nach und nach.

Es ist dabei aber zu beachten, daß die sozialen Leistungen Krupps auf der Grundlage patriachischer Strukturen erbracht wurden. Krupp vergab keine Rechte, sondern gewährte nur Fürsorge und Gunst.

In dieser Zeit der industriellen und städtischen Expansion (1896 wurde der 100.000. Einwohner geboren) wurde vor allem auch die Infrastruktur der Stadt weiterentwickelt. Seit 1862 gab es einen „Hauptbahnhof“ (im Volksmund spöttisch „Holzbude“ genannt), seit 1864 das erste Wasserwerk und 1898 wurde das Rheinisch-Westfälische Elektrizitätswerk (RWE) – heute das umsatzstärkste Unternehmen der Stadt – gegründet. Daneben waren Krankenhäuser und Schulen entstanden und seit 1892 hatte die Stadt sogar ein Theater. Das Stadtgebiet wurde durch Eingemeindungen weiter ausgedehnt (1900 Altendorf, 1905 Rüttenscheid).

Unruhige Zeiten – 1918 bis 1945

Im Ersten Weltkrieg gelangte die Stadt als Waffenschmiede zu trauriger Berühmtheit. Denn während Krupp-Geschütze wie die „Dicke Bertha“ und die „Pariskanone“ in Lüttich und Paris schwere Schäden anrichteten, hatte der deutsche „Kanonenkönig“ seine Granaten auch nach England geliefert, was nach dem Krieg in der deutschen Öffentlichkeit für große Empörung sorgte.

Durch die Kriegsfolgen verschlechterte sich die Versorgungslage in der Stadt zusehends. Lebensmittel wurden zwangsbewirtschaftet und immer stärker rationiert. 1917, im Jahr

des berüchtigten „Steckrübenwinters“, konnte gerade noch die Hälfte des durchschittlichen Energiebedarfs gedeckt werden. Schwere Krankheitswellen, wie die im gleichen Jahr herrschende Ruhrepidemie, folgten. Es kam zu Hungerstreiks und -aufständen, denen Kaiser Wilhelm II. mit der Aussicht auf die Aufhebung des alten Dreiklassen-Wahlrechts entgegentrat.
Doch die Zeit obrigkeitsstaatlicher Beschwichtungen war vorbei. Erste politische Forderungen Anfang 1918 und nachfolgende Proteststreiks, die die Aufnahme von Friedensverhandlungen verlangten, führten auch in Essen zu der Bildung eines Arbeiter- und Soldatenrates am 9. November 1918. Der Konflikt zwischen Räten, Arbeitern der „Roten Ruhrarmee“, Einwohnerwehren, Polizei, Freikorps und Reichswehr eskalierte im April 1919, als die Reichsregierung den Belagerungszustand über das gesamte Ruhrgebiet verhängte. Erst ein Jahr später wurde der Arbeiteraufstand in Essen durch den Einsatz der Reichswehr blutig niedergeschlagen.
Den Krieg hatte die Stadt äußerlich weitgehend unbeschadet überstanden, doch war im Versailler Vertrag die Demontage der Rüstungsbetriebe festgeschrieben worden, was natürlich besonders die Kruppwerke hart traf. Als dann Deutschland 1923 mit den Reparationslieferungen in Verzug geriet, besetzten die Franzosen das Ruhrgebiet. Zahlreiche Industrielle, Bankiers und Beamte wurden im Zuchthaus Werden inhaftiert. Die Inflation erreichte ihren Höhepunkt: Der städtische Haushalt schloß mit Einnahmen/Ausgaben von 6,12 Trillionen Papiermark. 1925 zogen die Franzosen wieder ab, die Wirtschaftslage besserte sich und im selben Jahr wurde der Essener Oberbürgermeister (seit 1918) Dr. Hans Luther zum Reichskanzler ernannt.
Trotz der unruhigen Zeiten wurden mit dem Erwerb der „Folkwang“-Sammlung (1922), der Großen Ruhrländischen Gartenbau-Ausstellung GRUGA (1929) und der Anlage des Baldeneysees (1931-33) bedeutende kulturelle Akzente gesetzt. 1929 konnte Essen sein Stadtgebiet durch Eingemeindungen nochmals beinahe verdoppeln: Nach Borbeck, Altenessen und Bredeney (seit 1915) gehörten nun auch Werden, Heidhausen, Heisingen, Kupferdreh, Byfang, Steele, Kray, Frillendorf, Schonnebeck, Stoppenberg, Katernberg, Karnap, Fischlaken, Überruhr, Freisenbruch, Horst und Leithe zu Essen.
Die Weltwirtschaftskrise nach dem New Yorker Börsenkrach am „Schwarzen Freitag“ (25.10.1929) wirkte sich auch in Essen verheerend aus: Etwa jeder zehnte Essener war zwischen 1931 und 1933 arbeitslos. 1933 begann Hitler bereits mit der Wiederaufrüstung, was sich gerade im Ruhrgebiet wirtschaftlich schnell bemerkbar machte. Außerdem liefen die Arbeitsbeschaffungsprogramme weiter: neben der Anlage des Baldeneysees standen hier vor allem der Bau des Flughafens Essen-Mülheim, sowie des Ruhrschnellwegs (heute A 40) im Vordergrund.
Im Zuge der „Gleichschaltung“ des öffentlichen Lebens durch die Nationalsozialisten gingen viele soziale Errungenschaften der Arbeiter verloren. Gleichzeitig wurden politisch Unliebsame verfolgt, eingesperrt und ermordet – in der traditionell „roten“ Arbeiterstadt Essen waren das besonders viele. Es folgten Aktionen gegen die Juden, deren Essener Gemeinde 1913 noch die größte Synagoge nördlich der Alpen errichtet hatte und die eine wichtige Rolle im gesellschaftlichen Leben Essens spielte. 1938 wurde die Synagoge von den Nationalsozialisten während der Pogromnacht vom 9. November (der sogenannten „Reichskristallnacht“) in Brand gesteckt. Insgesamt sind etwa 2.700 Essener während des Nationalsozialismus ermordet worden.
Zum zweiten Mal in diesem Jahrhundert wurde die Stadt im Zweiten Weltkrieg zur „Waffenschmiede des

Im März 1945 die „Freiheit" nach dem letzten schweren Luftangriff.

Reiches", und mit dem Krieg kamen bald auch Not und Elend wieder. Diesmal jedoch blieb Essen nicht verschont: von 1940 an wurden insgesamt 272 Bombenangriffe auf die Stadt geflogen; 15,6 Millionen Kubikmeter Schutt lagen am Ende des Krieges in der Trümmerstadt, von ehemals 205.000 Wohnungen waren mehr als die Hälfte zerstört worden. 34.470 Essener – rund 5% der Bevölkerung – waren durch Kriegseinwirkungen umgekommen.

Phönix aus der Asche – Essen seit 1945

Zu dem Hunger in den ersten Nachkriegsjahren gesellte sich noch die Wohnungsnot: die evakuierten Essener strömten zurück in die zerstörte Stadt, und noch 1956 war die Bevölkerung pro Wohnraum dichter als vor dem Krieg. Bei Krupp wurde wieder demontiert, so daß die Stadt lange brauchte, um sich wirtschaftlich wieder zu erholen. Alfried Krupp von Bohlen und Halbach, der das Unternehmen 1943 von seinem Vater Gustav übernommen hatte, wurde 1948 in Nürnberg wegen Zwangsarbeit in seinen Betrieben – als Verbrechen gegen die Menschlichkeit geahndet – zu zwölf Jahren Haft verurteilt, jedoch bereits 1951 begnadigt. Das Unternehmen wurde völlig umgestaltet und gehört seit 1967 der Alfried Krupp von Bohlen und Halbach-Stiftung.
Von 1946 bis 1949 war der spätere Bundespräsident Gustav Heinemann Essener Oberbürgermeister. Unter ihm und seinen Nachfolgern wurde der Wiederaufbau der im Krieg bis zu 90% zerstörten Innenstadt in Angriff genommen. Dabei wich man völlig vom alten Grundriß ab und gestaltete das Zentrum wesentlich großzügiger. Die Verlegung der Hauptverkehrsstraßen an die Ränder der City erlaubte Ende der 50er Jahre die relativ problemlose Einrichtung der ersten Fußgängerzone: Essen, das noch 1956 als größte Bergbaustadt des Kontinents gegol-

Ein Meilenstein in Essener Verkehrspolitik: der Bau der U-Bahn (1973)

ten hatte, begann sich ein neues Image aufzubauen, das Schlagwort hieß „Einkaufsstadt“. Seither ist der Handel in Essen auf dem Vormarsch, wozu auch die Essener Messen mit jährlich etwa zwei Millionen Besuchern beitragen.

Daneben gewinnt aber auch der Sport- und Freizeitbereich an Bedeutung: Neben verschiedenen Schwimmbädern hat Essen mittlerweile auch zwei „Spaßbäder“, der Essener Süden bietet vielfältige Freizeitmöglichkeiten (u.a. Reiten, Surfen, Segeln) und zunehmend wird auch der Norden begrünt und durch Wanderwege erschlossen.

Seit 1972 ist Essen Universitätsstadt. Die integrierte Universität-Gesamthochschule vereinigte bereits bestehende Einrichtungen mit einer neuen Universität, die in unmittelbarer Nähe der Innenstadt liegt. Das unterscheidet die Essener Uni von den meisten anderen Neugründungen jener Jahre, die gewöhnlich weit ab „auf der grünen Wiese“ liegen.

Der nächste große Neubau war das mit 106,31 Metern und 22 Stockwerken größte deutsche Rathaus, das 1979 eingeweiht werden konnte. Neben der Verwaltung kommt in Essen aber auch die Kultur nicht zu kurz: Während 1988 mit dem von Alvar Aalto entworfenen Opernhaus der wahrscheinlich letzte Theaterneubau des Jahrtausends in Deutschland eröffnet wurde, gestaltete man 1990 auch das bereits kurz nach dem Krieg wiederaufgebaute Grillo-Theater völlig neu.

Im Ruhrgebiet kann Essen durchaus als führende Stadt auf dem Dienstleistungssektor gelten. Auch wenn der Strukturwandel – 1986 endete die 700jährige Bergbaugeschichte Essens mit der Stillegung der Schachtanlage Zollverein – noch einige Probleme mit sich bringt, so ist Essen doch alles andere als eine Industriebrache. Die Städte des Ruhrgebiets werden – durch ihre gute Infrastruktur und ihre zentrale Lage – mit Sicherheit eine wichtige Rolle im vereinten Europa zu übernehmen haben.

Sport in Essen

Durch eine Kabinettsorder des preußischen Königs Friedrich Wilhelm IV., die die Leibesübung als einen wesentlichen Bestandteil der Jugenderziehung anerkannte, wurde 1842 die sog. „Turnsperre" aufgehoben. Das Jahr 1842 bildet den eigentlichen Ausgangspunkt für eine kontinuierliche Entwicklung von Turnvereinen, denen später andere Sportvereine folgen sollten.
Auch in Essen entwickelte sich in über 150 Jahren eine breitgefächerte Vereinslandschaft, in der Turn-, Ruder-, Schwimm-, Leichtathletik-, Radsport- und Fußballvereine zahlenmäßig herausragten.
Nach dem II. Weltkrieg erfolgten der Wiederaufbau und die Reorganisation des sportlichen Lebens in Essen, die 1953 mit dem Endspielsieg von Rot-Weiß Essen im DFB-Pokalfinale ihren ersten Höhepunkt hatten. Helmut Rahn, der Schütze des vorentscheidenen Tores, ließ ein Jahr später bei der Weltmeisterschaft in der Schweiz mit seinem Tor zum 3:2 die ganze Nation in einem Freudentaumel versinken. Die Deutsche Meisterschaft 1955 ist bis heute der größte Erfolg in der Vereinsgeschichte.

Das Stadion von Rot-Weiß Essen an der Hafenstraße

In der Saison 1993/94 wurde Rot-Weiß im Endspiel des DFB-Pokals knapp mit 3:1 von Werder Bremen bezwungen.
1959 wurde der andere bedeutende Fußballverein Essens, ETB Schwarz-Weiß, durch einen 5:2-Sieg über Borussia Neunkirchen Deutscher Pokalsieger.
Beide Vereine stehen zur Zeit nicht mehr so im Rampenlicht der sportinteressierten Öffentlichkeit, doch warten die Essener Fans immer noch auf den großen Durchbruch ihrer Vereine.
Einige große Sportereignisse fanden in den letzten Jahrzehnten in Essen statt (z.B. Deutsches Turnfest 1963, Deutsche Fechtmeisterschaften 1978, Davis-Cup 1986, Judo-Weltmeisterschaft 1987, Fecht-Weltmeisterschaften 1993, Billard-Mannschafts-WM 1993 und 1994, Tennis-Damen-Grand-Prix, Nokia Masters). Essener Sportler und Vereine hatten und haben auf nationaler und internationaler Ebene in vielen Sportarten großen Erfolg. Der Handballverein TUSEM Essen wurde seit den 80er Jahren dreimal Deutscher Meister, zweimal Pokalsieger und zweimal Europapokalsieger. ETUF Essen spielt erfolgreich in der Tennisbundesliga, Christian Keller ist zur Zeit neben Franziska von Almsick der bekannteste deutsche Schwimmer.
Alle zwei Jahre versammelt sich die Ruder-Elite zur großen Hügel-Regatta auf dem Baldeneysee. Diese traditionelle Veranstaltung dient als wichtiger Test für anstehende Weltmeisterschaften oder Olympische Spiele. Prominenteste Wassersportler sind die Olympiasieger Ansgar Wessling (Ruder-Achter), Mario von Appen und Thomas Reineck (Kanu-Vierer).

Auswahl von Sport- und Freizeitstätten

Sportbund Essen
Steeler Str. 38
Tel. 8146-0

Georg-Melches-Stadion
Heimstadion von Rot-Weiß Essen
Essen-Bergeborbeck
Hafenstr. 97a
Tel. 661847

Uhlenkrug-Stadion
Heimstadion des ETB Schwarz-Weiß Essen
Essen-Stadtwald
Uhlenkrug 40
Tel. 441161

Gruga-Stadion
Essen-Rüttenscheid
Norbertstr. 73
Tel. 776147

Grugahalle
Heimstadion von TUSEM Essen / diverse (Groß-)Sportveranstaltungen
Essen-Rüttenscheid
Norbertstr. 2
Tel. 7244-290/1

Eissporthalle Essen-West
Eislaufsaison von September bis Ende Mai
Essen-Frohnhausen
Am Bahnhof West
Tel. 755490

Golfplatz ETUF e.V.
Essen-Bredeney
Freiherr-vom-Stein-Str. 92
Tel. 472180

Gruga-Bad
Geöffnet von Mai bis September
Essen-Rüttenscheid
Norbertstr. 124
Tel. 776164

Freibad Dellwig („Hesse")
Geöffnet von Mai bis September
Essen-Dellwig
Scheppmannskamp 6
Tel. 692674

Packende Szene beim Heimspiel des Bundesligisten TUSEM Essen

Freibad West („Nöggerath")
Geöffnet von Mai bis September
Essen-West
Nöggerathstr. 107
Tel. 626511

Hallenbad Rüttenscheid
Tgl. geöffnet
Essen-Rüttenscheid
Von Einem Str. 77
Tel. 88-4311

Freizeitzentrum Oase
Tgl. geöffnet
Essen-Frohnhausen
Nöggerathstr. 41
Tel. 766868

Fitness-Center Nippon
Essen-Rüttenscheid
Paulinenstr. 56
Tel. 775554

Thumulla-Park
Essen-Holsterhausen
Planckstr. 58a
Tel. 777070

Tenniscentrum
Essen-Kupferdreh
Schroertal 32
Tel. 481991

Helmut-von-Malottki-Halle (Tennis)
Essen-Bergeborbeck
Hafenstr. 10
Tel. 661580

Tennis-Treff
Essen-Kray
Am Zehnthof 194
Tel. 597273

Future Sports
Badminton und Squash

Das Wassersportparadies im Essener Süden – der Baldeneysee

Essen-Altenessen
Gladbecker-Str.
Tel. 311011

Reitclub Buchholz-Hof e.V.
Essen-Kettwig
Meisenburgstr./Am Buchholz
Tel. (02054) 4068

Reiterverein Schuir e.V.
Essen-Schuir
Schuirweg 85
Tel. 7100959

Rudern + Kanu
Ansprechpartner
Rudern: Horst Graefe, Brakeler Wald 23, 45329 Essen, Tel. 882871
Kanu: Ernst Konrad, Sachsenring 144, 45279 Essen, Tel. 538176

Segeln
Ansprechpartner
Walter Fink, Zur Dahlbeck 52, 42549 Velbert, Tel. 02124/ 66901

Literatur über Essen

Werner Baute (Hg.), Wanderungen durch unsere Stadt, Essen 1987.

Beiträge zur Geschichte von Stadt und Stift Essen, hrsg. vom Historischen Verein für Stadt und Stift Essen, Essen 1881ff.

Paul Derks, Essener Ortsnamen. In: Beiträge zur Geschichte von Stadt und Stift, Nr. 101/102.

Es begann 1842 – 150 Jahre Sport in Essen, hrsg. vom Stadtsportbund Essen e.V. in Zusammenarbeit mit dem Stadtarchiv, Essen, Klartext, 1992.

EVAG (Hg.), Hundert Jahre in Essen auf Draht. – Die Straßenbahnen, Essen, Klartext, 1993.

Essen. Im Spiegel von Wort und Zahl. Dokumentarreihe der Stadt Essen, Heft 2.

Essen. Ein Lesebuch, hrsg. von D. Klein und H. Rosbach, Husum 1987.

Siegfried Gehrmann, Fußball, Vereine, Politik. Zur Sportgeschichte des Reviers 1900-1940, Essen 1987.

Geo-Special Ruhrgebiet, Nr. 3, Hamburg 1989.

Robert Jahn, Essener Geschichte, Essen 1952.

Roland Kirbach, Revier-Besichtigung, Essen 1989.

Hans G. Kösters, Die Aufsteiger. Die Geschichte der Messe Essen, Essen 1988.

Laubenthal/Schulze/Voigt, Essen im Bild, Essen 1989

Merian. Das Monatsheft der Städte und Landschaften. Essen, Heft 5/XVIII, Hamburg 1965.

Helga Mohaupt, Kleine Geschichte Essens, 2. Aufl., Essen, Klartext, 1993.

Museen und Galerien in Essen, hrsg. vom Amt für Presse- und Öffentlichkeitsarbeit der Stadt Essen.

Jürgen Reulecke, Vom Kohlenpott zu Deutschlands „starkem Stück", Bonn 1990.

Klaus Rosing, Spaziergänge in Essen, Düsseldorf 1986.

Klaus Rosing (Hg.), Essen in alten und neuen Reisebeschreibungen, Düsseldorf 1989.

Ruhrlandmuseum (Hg.), Vom Hausen zum Wohnen. Wohnungsbau für Arbeiter zur Zeit der Industrialisierung: Essen, ein Beispiel, Essen, Klartext, 1988.

Dietmar N. Schmidt, Das Theater von Alvar Aalto, Essen 1988.

Ernst Schmidt, Essen erinnert. Orte der Stadtgeschichte im 20. Jahrhundert, Essen, Klartext, 1991.

Wolf Schneider, Essen – Abenteuer einer Stadt, Düsseldorf 1965.

Herbert Somplatzki, Essen. Stadt-Ansichten, Essen 1989.

Ludger Tewes, Mittelalter an Lippe und Ruhr, Essen 1988.

Register

Persönliche Notizen

Persönliche Notizen